~ 미래와 통하는 책 ~

동양북스 외국어 베스트 도서

700만 독자의 선택!

새로운 도서,
다양한 자료
동양북스
홈페이지에서
만나보세요!

www.dongyangbooks.com
m.dongyangbooks.com

※ 학습자료 및 MP3 제공 여부는 도서마다 상이하므로 확인 후 이용 바랍니다.

홈페이지 도서 자료실에서 학습자료 및 MP3 무료 다운로드

PC

❶ 홈페이지 접속 후 도서 자료실 클릭
❷ 하단 검색 창에 검색어 입력
❸ MP3, 정답과 해설, 부가자료 등 첨부파일 다운로드
  * 원하는 자료가 없는 경우 '요청하기' 클릭!

MOBILE

* 반드시 '인터넷, Safari, Chrome' App을 이용하여 홈페이지에 접속해주세요. (네이버, 다음 App 이용 시 첨부파일의 확장자명이 변경되어 저장되는 오류가 발생할 수 있습니다.)

❶ 홈페이지 접속 후 ≡ 터치

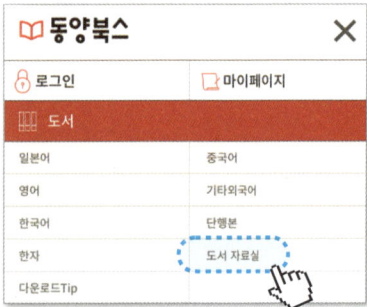

❷ 도서 자료실 터치

❸ 하단 검색창에 검색어 입력
❹ MP3, 정답과 해설, 부가자료 등 첨부파일 다운로드
  * 압축 해제 방법은 '다운로드 Tip' 참고

일본어뱅크 흥미로운 테마로 쉽고 재밌게 읽는

*New*스타일

1

일본어 독해

이병만, 박선옥, 나카무라 유키히로 지음

동양북스

일본어뱅크 흥미로운 테마로 쉽고 재밌게 읽는

*New*스타일

일본어 독해 ❶

초판 6쇄 | 2024년 3월 10일

지은이 | 이병만, 박선옥, 나카무라 유키히로
발행인 | 김태웅
책임 편집 | 길혜진, 이서인
디자인 | 남은혜, 김지혜
마케팅 총괄 | 김철영
온라인 마케팅 | 김은진
제 작 | 현대순

발행처 | ㈜동양북스
등 록 | 제 2014-000055호
주 소 | 서울시 마포구 동교로22길 14 (04030)
구입 문의 | 전화 (02)337-1737 팩스 (02)334-6624
내용 문의 | 전화 (02)337-1762 dybooks2@gmail.com

ISBN 978-89-98914-63-9 13730

▶ 본 교재는 한양여자대학교 발전기금의 지원을 받았습니다.
▶ 잘못된 책은 구입처에서 교환해드립니다.
▶ 도서출판 동양북스에서는 소중한 원고, 새로운 기획을 기다리고 있습니다.
 http://www.dongyangbooks.com

이 도서의 국립중앙도서관 출판시도서목록(CIP)은 서지정보유통지원시스템 홈페이지(http://seoji.go.kr)와
국가자료공동목록시스템(http://www.nl.go.kr/kolisnet)에서 이용하실 수 있습니다.
(CIP제어번호:CIP2013025809)

머리말

　본 교재는 일본어 초급(과정)을 마친 학습자들도 쉽게 접근할 수 있도록 구성한 독해 교재입니다. 이 교재에서는 본문 학습을 통해 어휘력과 독해력 및 사고력을 기르도록 하였고, 핵심문형에는 복잡한 문법과 유사 표현에 대한 명쾌한 해설 등을 넣어 기초적인 문법지식을 배양할 수 있게 하였습니다. 그리고 연습문제를 통해 확인학습하고 응용할 수 있는 힘을 키울 수 있도록 집필하였습니다. 또한 심화 연습문제를 통해 新일본어능력시험, JPT 등의 각종 시험 대비에도 자연스럽게 접근할 수 있도록 하였습니다. 마지막으로는 쉬어가기 코너를 마련하여 일본어 속담이나 관용 표현을 소개함으로써 학습자들의 재미와 흥미를 유발할 수 있도록 구성하였습니다.

　본 교재가 독해 교재인 만큼 무엇보다도 충실하게 집필하고자 하였던 것이 본문의 내용입니다. 본문의 내용은 필자의 유학생활을 토대로 지도교수의 조언을 얻어 집필한 것입니다. 일본에 유학을 계획하고 있는 학생들에게 유익한 정보를 제공하면서 동시에 일본 사람들의 생활 방식과 문화를 재미있게 소개하려고 노력하였습니다.

　또한, 다른 독해 교재와의 차이점으로는 본문 읽기 부분을 1, 2 로 나누어, 「본문 읽기1」에서는 한자 읽기 등을 전혀 달지 않은 문장을 실어 대략적인 내용 파악을 스스로 해 볼 수 있도록 하였으며, 「본문 읽기2」에서는 한자 읽기 등을 첨가하여 본격적인 독해 연습에 들어가도록 구성하였습니다.

　본 교재는 본문 내용이 탄탄하고, 매우 체계적인 구성을 이루고 있으므로 본 교재를 통해서 일본어 학습자들이 일본어의 실력 향상은 물론 일본 생활과 문화에 대해서 조금이나마 친숙해질 수 있는 계기가 되었으면 합니다.

　끝으로 본 교재를 만드는데 있어 平井敏晴 선생님으로부터 귀중한 격려와 의견을 들었습니다. 또한 출판과 편집에 큰 도움을 준 ㈜니프코코리아와 동양북스 관계자 여러분께 진심으로 감사의 뜻을 표합니다.

저자 일동

목차

▶ 본문 음성(MP3 파일), 해석 및 연습문제 정답은 동양북스 홈페이지(http://www.dongyangbooks.com)에서 다운받으실 수 있습니다.

워밍업 / 핵심 표현 / 단어 노트

워밍업에서는 각 과의 주제에 대한 질문을 통해 그 과에서 배울 내용에 대해 호기심을 가질 수 있도록 합니다.

핵심 표현은 그 과에서 배울 핵심 문형을 한눈에 파악할 수 있습니다.

단어 노트에는 각 과의 독해 지문에서 꼭 알아두어야 할 단어와 표현들을 정리해 놓았습니다.

본문 읽기 1, 2 / 내용 확인 문제 1, 2

먼저 본문 읽기1에서는 학습자 스스로 읽어보면서 전체 내용을 파악해보고 내용 확인 문제1을 풀어볼 수 있도록 유도합니다.

그 다음 본문 읽기2를 통해 선생님과 학습자가 함께 천천히 읽어 보면서 전체 내용을 정확하게 이해한 후, 내용 확인 문제2를 풀어보며 다시 한번 본문을 완벽하게 이해하고 정리할 수 있도록 합니다.

핵심 문형

각 과마다 꼭 배워야 할 핵심 문형을 정리해 놓았습니다. 문법 설명과 함께 다양한 예문을 통해 문형을 완벽하게 익힐 수 있도록 합니다.

기본 연습문제

어휘부터 문형(문법)까지 다양한 형태의 연습문제를 통해 학습자의 실력을 점검할 수 있습니다.

심화 연습문제

新일본어능력시험과 JPT 독해 시험을 대비한 단문의 독해 문제를 풀어 보며, 각종 시험에도 완벽하게 대비할 수 있도록 하였습니다.

쉬어가기

일본의 일상 관용어구와 속담을 배우면서 그 어원의 유래를 읽고, 예문을 통해 자연스럽게 문장 속에서 익힐 수 있도록 하였습니다.

학습 구성표

과	과 제목	주요 학습 목표	문형
1과	初対面のあいさつ しょたいめん 첫 만남 인사	일본에서의 첫 만남 인사와 자기 소개 표현에 대한 내용을 파악 하고 이해할 수 있다.	～ために ～ている ～たり～たりする ～たら
2과	アパート探し さが 아파트 찾기	일본에서 유학생이 살 집을 고르는 방법과 계약 시에 필요한 점 등의 정보를 파악하고 이해할 수 있다.	～てある ～と ～れる / られる 　(동사의 수동형) ～(よ)うと思う おも
3과	バイト探し さが 아르바이트 찾기	일본에서 유학생이 아르바이트를 구할 때 유의할 점이나 중요한 점, 목적, 찾는 경로 등의 내용을 파악하고 이해할 수 있다.	～ば ～なければならない ～た上で うえ ～なら
4과	日本の住宅状況 にほん　じゅうたくじょうきょう 일본의 주택 상황	일본의 주택은 어떻게 나뉘며, 각각 어떤 만듦새와 특징을 갖는지 등의 내용을 파악하고 이해할 수 있다.	～れる / られる 　(동사의 가능형) それに対して たい 동사의 중지법 い형용사의 ～く 용법
5과	近所へのあいさつ きんじょ 이웃에게 하는 인사	일본에서 이사했을 때 이웃집에 인사하는 방법과 선물, 그리고 인사를 하는 이유 등의 내용을 파악하고 이해할 수 있다.	～せる/させる ～ようだ ～たばかりだ 1그룹 동사의 가능형「eる」
6과	私が住む町 わたし　す　まち 내가 사는 동네	유학생이 현재 살고 있는 동네의 교통편이나 자랑거리로 생각하는 점 등에 대해 내용을 파악하고 이해할 수 있다.	～ことになる ～について ～わりに(は) ～ようになる

과	과 제목	주요 학습 목표	문형
7과	日本人の食生活 にほんじん　しょくせいかつ 일본인의 식생활	일본인들이 아침, 점심, 저녁에는 어떤 것을 먹는지, 외식으로는 어떤 음식을 선호하는지에 대한 내용을 파악하고 이해할 수 있다.	〜てくる / 〜ていく 〜らしい 〜ながら 〜として
8과	ゴミの出し方 だ　かた 쓰레기 버리는 방법	일본에서는 쓰레기 종류를 어떻게 나누며, 그 분리 방법 등에 대한 정보를 파악하고 이해할 수 있다.	〜ということだ 〜において 〜てみる 〜てもらう
9과	日本の温泉 にほん　おんせん 일본의 온천	일본에서 온천의 기준과 일본인은 언제부터 온천을 즐겨왔는지 등에 대한 내용을 파악하고 이해할 수 있다.	〜だけに 〜というと 〜そうだ 〜といえば
10과	地震・災難 じしん　さいなん 지진 · 재난	일본에서 많이 일어나는 지진과 각종 재난에 대해 일본인은 어떤 훈련을 받고 있으며, 나라에서는 어떤 대책을 마련하고 있는지 등에 대한 내용을 파악하고 이해할 수 있다.	〜に先立って さき　だ 〜に対する たい 〜による 〜える / うる
11과	天気予報 てん き よ ほう 일기예보	일본인들에게 있어 일상생활 속 일기예보의 중요성과 인사를 나눌 때의 화제 등에 대한 내용을 파악하고 이해할 수 있다.	〜前に まえ 〜うちに 〜ほどだ 〜に対して たい
12과	日本の病院 にほん　びょういん 일본의 병원	일본에서 병원은 어떤 제도로 구별되어지고 있으며, 또한 의약 분업은 어떻게 이루어지고 있는지 등의 내용에 대해 파악하고 이해할 수 있다.	〜ほうがいい 〜ことだ 必ずしも〜ない かなら 〜なくてもいい

しょたいめん
初対面のあいさつ 첫 만남 인사

1. 「初対面」이라는 말로 여러분은 어떤 것을 연상할 수 있습니까?
2. 「初対面」일 때 여러분은 보통 어떻게 합니까?

핵심 표현 key Expression

❶ 日本文学を勉強するために日本へ留学に来ました。

❷ 私は今、埼玉のアパートに住んでいます。

❸ 回転ずしを食べたり、買い物をしたりします。

❹ 大学を卒業したら韓日両国の文学交流に役に立つ仕事をしたい。

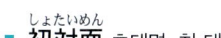

단어노트

- **初対面** しょたいめん 초대면, 첫 대면

- **あいさつ** 인사

- **留学生** りゅうがくせい 유학생

- **専攻** せんこう 전공

- **生まれる** う 태어나다, 출생하다

- **小学校** しょうがっこう 초등학교

- **暮らす** く 살다, 지내다, 보내다

- **働く** はたら 일하다

- **アニメ** 「アニメーション[animation]」의 준말, 애니메이션

- **〜ために** 〜을 / 를 위해서, 〜하기 위해서

- **留学** りゅうがく 유학

- **〜に** (동작성 명사나 동사의 ます형 뒤에 붙어) 〜하러

- **離れる** はな 떨어지다, 떠나다

- **埼玉** さいたま 사이타마, 관동지방의 서부 중앙 정도에 위치한 현(県) 명

- **アパート** [apartment house] 아파트, 임대 공동 주택

- **住む** す 살다, 거주하다, 서식하다

- **もちろん** 물론

- **生活** せいかつ 생활

- **慣れる** な 길들다, 숙달되다

- **できる** 생기다, 생성되다

- **日本食** にほんしょく 일본요리, 일식

- **大好きだ** だいす 대단히 좋아하다, 굉장히 좋아하다

- **特に** とく 특히

- **天ぷら** てん 튀김

- **渋谷** しぶや 시부야, 도쿄도(東京都) 시부야 구(渋谷区) 의 지명

- **回転ずし** かいてん 회전 초밥

- **買い物** か もの 물건 사기, 쇼핑

- **卒業** そつぎょう 졸업

- **両国** りょうこく 양국

- **文学交流** ぶんがくこうりゅう 문학 교류

- **役に立つ** やく た 도움이 되다, 쓸모 있다

- **仕事** しごと 일, 직업

● 이 과에서 배우게 될 내용이 무엇인지 <u>스스로</u> 읽어봅시다.

初対面のあいさつ

はじめまして。私は韓国からの留学生、朴昌民と申します。東京文化大学の2年生で、専攻は日本文学です。年は29歳で、趣味は映画鑑賞と小説を読むことです。

　私は韓国のプサンで生まれましたが、小学校から大学まではソウルで暮らしました。大学を出て会社で2年間働きましたが、日本の小説やアニメが好きで、日本文学を勉強するために去年の3月、日本へ留学に来ました。

　私は今、大学から電車で1時間くらい離れている埼玉のアパートに住んでいます。アパートには、日本人はもちろん、中国やフランス、ドイツなど、いろいろな国から来た留学生もたくさん住んでいます。

　日本に来て1年、日本の生活にも慣れて日本人の友だちもたくさんできました。私は日本食が大好きで、特にお寿司や天ぷらが好きです。休みの日には日本人の友だちと渋谷へ行って、回転ずしを食べたり、買い物をしたりします。

　大学を卒業したら国に帰って、韓日両国の文学交流に役に立つ仕事をしたいと思っています。どうぞよろしくお願いします。

1 본문을 읽고 기억에 남는 단어를 아래에 3개 이상 써 보세요.

→ _____

2 유학생 박창민 씨는 지금 어디에 살고 있습니까?

1 부산

2 시부야

3 서울

4 사이타마

3 유학생 박창민 씨가 특히 좋아하는 일본 음식은 무엇입니까?

1 생선초밥과 튀김

2 돈가스

3 우동

4 샤브샤브

핵심 포인트

주인공은 현재 일본에 유학 와서 살고 있다. 살고 있는 곳은 일본의 어디인지, 나이는 몇 살인지 등
주인공 유학생의 정보에 대해 파악해 보면 쉽게 이해할 수 있다.

● 다시 한 번 천천히 읽어 보면서 전체 내용을 정확히 이해해 봅시다.　　Track 01

初対面のあいさつ

　　はじめまして。私は韓国からの留学生、朴昌民と申します。東京文化大学の2年生で、専攻は日本文学です。年は29歳で、趣味は映画鑑賞と小説を読むことです。

　　私は韓国のプサンで生まれましたが、小学校から大学まではソウルで暮らしました。大学を出て会社で2年間働きましたが、日本の小説やアニメが好きで、日本文
05 学を勉強するために去年の3月、日本へ留学に来ました。

　　私は今、大学から電車で1時間くらい離れている埼玉のアパートに住んでいます。アパートには、日本人はもちろん、中国やフランス、ドイツなど、いろいろな国から来た留学生もたくさん住んでいます。

　　日本に来て1年、日本の生活にも慣れて日本人の友だちもたくさんできました。
10 私は日本食が大好きで、特にお寿司や天ぷらが好きです。休みの日には日本人の友だちと渋谷へ行って、回転ずしを食べたり、買い物をしたりします。

　　大学を卒業したら国に帰って、韓日両国の文学交流に役に立つ仕事をしたいと思っています。どうぞよろしくお願いします。

◉ 다음 본문의 내용에 대한 질문에 답해 보세요.

① 朴昌民さんは何年生ですか。

→ _____

② 朴昌民さんの専攻は何ですか。

→ _____

③ 朴昌民さんは韓国のどこで生まれましたか。

→ _____

④ 朴昌民さんは日本に来てどのくらい過ぎましたか。

→ _____

⑤ 朴昌民さんは大学を卒業したら、どういう仕事をしようと思っていますか。

→ _____

낱말과 표현

初対面 초대면, 첫 대면 | 暮らす 살다, 지내다, 보내다 | 離れる 떨어지다, 떠나다 | 慣れる 길들다, 숙달되다 |
役に立つ 도움이 되다, 쓸모 있다 | 過ぎる 지나다, 경과하다, 넘다

01 ～ために   ～을/를 위해서, ～하기 위해서, ～(하기) 때문에

'～을/를 위해서, ～하기 위해서'라는 목적을 나타내거나 '～(하기) 때문에'라는 원인·이유를 나타낸다.

日本文学を勉強する<u>ために</u>去年の3月、日本へ留学に来ました。〔목적〕

健康の<u>ために</u>運動したいです。〔목적〕

足は心臓から一番遠い<u>ために</u>血液の流れが悪くなりやすい。〔원인·이유〕

この仕事は危険な<u>ために</u>やる人がいない。〔원인·이유〕

02 ～ている   ～고 있다, ～어 있다

「～ている」는 크게 '진행'과 '결과 상태'의 두 가지 용법으로 나눌 수 있는데, 이는「～ている」앞에 오는 동사의 성질에 따라 구별된다.

「계속 동사 + ている」 → 진행 (～고 있다)

「순간 동사 + ている」 → 결과 상태 (～어 있다)

私は今、埼玉のアパートに住ん<u>でいます</u>。〔진행〕

花子の部屋の窓が開い<u>ています</u>。〔결과 상태〕

📖 낱말과 표현

健康 건강 | 心臓 심장 | 血液 혈액 | 流れ 흐름 | 동사의 ます형+やすい (자칫) ～하기 쉽다 |

危険だ 위험하다 | 窓 창문 | 開く 열리다

03 ～たり～たりする　～하거나 ～하거나 하다

동작이나 상태를 나열할 때 사용하는 표현으로, 우리말로는 '～하거나 ～하거나 하다'로 해석된다. 또한, 「～たりする」와 같이 한번만 써서 대표적인 동작을 나타내기도 한다.

回転（かいてん）ずしを食（た）べたり、買（か）い物（もの）をしたりします。

ここ最近（さいきん）、暑（あつ）かったり寒（さむ）かったりする日（ひ）が続（つづ）いていますね。

暇（ひま）な時（とき）は映画（えいが）を見（み）たりします。

04 ～たら　～(하)면, ～했더니

「～たら」는 우리말로 '～하면, ～라면, ～했더니, ～했는데' 등의 뜻으로 쓰이며, 활용어의 た형(과거형)에 접속된다. 조건 표현 중 사용범위가 가장 넓은 것으로, 가정조건에도 확정조건에도 쓰인다.

大学（だいがく）を卒業（そつぎょう）したら国（くに）に帰（かえ）って、韓日両国（かんにちりょうこく）の文学交流（ぶんがくこうりゅう）に役（やく）に立（た）つ仕事（しごと）をしたいと思（おも）っています。

それが安（やす）かったら買（か）います。

もしも明日（あした）あなたが暇（ひま）だったら、公園（こうえん）に行（い）きませんか。

📖 낱말과 표현

ここ最近（さいきん）요근래, 요즈음, 최근 | もしも 만약, 만일의 경우 | 暇（ひま）だ 한가하다 | 公園（こうえん）공원

1 다음 밑줄 친 단어 중 한자는 히라가나로, 가타카나는 한자로 고쳐 쓰세요.

1 <u>初対面</u>のあいさつ (   )

2 日本の生活にも<u>慣</u>れて<u>友</u>だちもたくさんできました。

(   )

3 大学の２年生で、<u>センコウ</u>は日本文学です。 (   )

4 大学を<u>ソツギョウ</u>したら国に帰る。 (   )

2 다음 (   ) 안의 표현을 알맞은 형태로 바꾸어 빈칸에 써 넣으세요.

1 花子は自分の部屋で手紙を＿＿＿＿＿＿＿＿います。(書く)

2 あ、家の前に車が＿＿＿＿＿＿＿いる。(止まる)

3 いま家にお客さんが＿＿＿＿＿＿＿いる。(来る)

4 休日はテレビを＿＿＿＿＿＿たり買い物を＿＿＿＿＿＿たりしています。
(見る / する)

 낱말과 표현

自分 자기자신 | 手紙 편지 | 止まる 멈추다 | お客さん 손님 | 休日 휴일

16

3 다음을 〈보기〉와 같이 바꾸어 쓰세요.

> 보기 12時の飛行機に乗ります / 8時の電車に乗ります
>
> → 12時の飛行機に乗るために8時の電車に乗ります。

① いい大学に入ります / 勉強しています

→ _____。

② 楽しくデートをします / 車を買います

→ _____。

③ 健康 / 運動したいです

→ _____。

4 다음을 〈보기〉와 같이 바꾸어 쓰세요.

> 보기 卒業します / 日本へ行って働きます
>
> → 卒業したら、日本へ行って働きます。

① 外を見ます / 雨が降っていました

→ _____。

② このお菓子がいいです / 一ついかがですか

→ _____。

③ それが安いです / 買います

→ _____。

 낱말과 표현

デートをする 데이트를 하다 │ 外 바깥, 외부 │ 雨が降る 비가 내리다 │ お菓子 과자 │
いかがですか 어떠십니까?

次の文章を読んで、後の問いに対する答えとして、最もよいものを1・2・3・4から一つ選びなさい。

> 宇宙大学経済学部経済学科の森田はるとと申します。
>
> 私は千葉県出身で、大学までは自宅から往復4時間以上かかりますが、毎日通学しています。勉強とは別にサークル活動やアルバイトもしていますので、大変なときもありますが、毎日自己管理することで乗り切っています。
>
> また新聞などで私たちの世代は忍耐力が弱いのではないのか、といった記事も見かけますが、私はここまで続けた遠距離通学とサークル活動、アルバイトを通じて忍耐力を養ってきました。
>
> このような自己管理能力と忍耐力を持って、御社を志望いたしました。どうぞ、よろしくお願いいたします。

本文はどこで使う自己紹介か。

1 会社の飲み会で語る自己紹介
2 進学準備で書面にした自己紹介
3 サークルでの自己紹介
4 就職の面接での自己紹介

 낱말과 표현

出身 출신	通学する 통학하다	サークル活動 동아리 활동	乗り切る 극복하다, 이겨내다	世代 세대
記事 기사	忍耐力 인내력	見かける 눈에 띄다	遠距離 원거리	養う 기르다, 배양하다	御社 귀사
志望 지망	語る 말하다	書面 서면	面接 면접

일상 관용어구

<ruby>油<rt>あぶら</rt></ruby>を<ruby>売<rt>う</rt></ruby>る

객쩍은 수다로 시간을 보내다, 일꾼이 농땡이 부리다

👆 **어원 유래**

「<ruby>油<rt>あぶら</rt></ruby>を<ruby>売<rt>う</rt></ruby>る」란 일하는 도중에 쓸데없는 이야기를 한다는 뜻으로 에도시대부터 사용된 말이다. 이것은 에도시대 기름장수가 손님에게 기름을 배달하러 가면, 손님 그릇에 기름이 다 떨어질 때까지의 시간을 손님과 잡담하며 보냈기 때문이다. 오늘날에는 이 말이 변해서 일이나 부탁받은 심부름을 하는 도중에 찻집이나 빠칭코(パチンコ) 등 어딘가에 들르는 것에 대해서도 「<ruby>油<rt>あぶら</rt></ruby>を<ruby>売<rt>う</rt></ruby>る」가 사용된다.

예   こんな<ruby>時間<rt>じ かん</rt></ruby>まで、いったいどこで<ruby>油売<rt>あぶら う</rt></ruby>ってたんだ?

이 시간까지 도대체 어디서 농땡이를 부리고 있었던 거야?

<ruby>油<rt>あぶら</rt></ruby>ばかり<ruby>売<rt>う</rt></ruby>ってないで、<ruby>少<rt>すこ</rt></ruby>しはマジメに<ruby>働<rt>はたら</rt></ruby>いてみろ!

농땡이만 부리지 말고, 잠시라도 성실하게 일해봐!

2과

アパート探し さが 아파트 찾기

 워밍업 Warming-up

1.「アパート」라고 하면 무엇이 떠오르나요?

2.「アパート」와「マンション」은 어떻게 다를까요?

 핵심 표현 key Expression

❶ 物件ごとに張り紙で紹介してある。

❷ 近所にコンビニやスーパーなどの店があると生活が便利でよい。

❸ 駅前に置かれている無料の賃貸情報誌。

❹ 住もうと思う近くの不動産屋で聞くのがいい。

단어 노트

- 新入生 신입생
- 準備 준비
- 場合 경우
- 不動産屋 부동산 중개업소
- 物件 물건
- 価格 가격
- 最寄り 가장 가까움, 근처
- 張り紙 붙인 종이, 벽보
- 間取り 방의 배치
- 家賃 집세
- 書き添える 덧붙여 쓰다, 첨기하다
- まず 우선, 맨 먼저
- 問い合わせる 문의하다, 조회하다
- 集合住宅 집합 주택, 공동 주택
- マンション [mansion] 맨션
- 収入 수입

- ほとんど 거의, 대부분
- 一般的 일반적
- 重要だ 중요하다
- 交通機関 교통기관
- 距離 거리
- 契約 계약
- 礼金 사례금
- 敷金 (집, 방 등의) 전세 보증금
- 仲介手数料 중개 수수료
- 火災保険料 화재보험료
- 多額 다액, 고액
- 無料 무료
- 賃貸情報誌 임대 정보지
- 収集 수집
- 賃貸住宅検索 임대 주택 검색
- 最終的 최종적

◉ 이 과에서 배우게 될 내용이 무엇인지 스스로 읽어봅시다.

アパート探し

　日本の大学は、4月から始まる。春になると、新入生はどこに住んで暮らすか、その準備が必要になるが、そのような場合に行くのが不動産屋である。不動産屋には、どのような物件がどのくらいの価格か、最寄りの駅までどのくらいかかるかなど、物件ごとに張り紙で紹介してある。そして、1R・1K・2DK・2LDKなどの間取り
05 や一か月の家賃なども書き添えてあるので、まず不動産屋に問い合わせることから部屋探しが始まる。

　日本の集合住宅は、アパートとマンションがあるが、学生など、収入がほとんどない人は、アパートで暮らすのが一般的である。アパートを探す場合、まず一番重要なのが電車やバスなどの交通機関との距離である。駅まで近いほうがよいが、その
10 分、家賃が高くなる。また、近所にコンビニやスーパーなどの店があると、生活が便利でよい。契約のときには、一般的に礼金、敷金、仲介手数料、火災保険料のような多額のお金が必要になるので、それらも考えながらアパートを探したほうがいい。

　最近は、駅前に置かれている無料の賃貸情報誌で情報を収集したり、ネットの賃貸住宅検索サイトなどを利用することも多いが、最終的には住もうと思う近くの不
15 動産屋で聞くのがいい。

1   본문을 읽고 기억에 남는 단어를 아래에 3개 이상 써 보세요.

→ _____

2   아파트를 찾을 때 글쓴이가 가장 중요하게 여기는 것은 무엇입니까?

　① 전철이나 버스 등 교통기관과의 거리

　② 임대료

　③ 집 근처에 편의점이나 수퍼 등 생활에 편리한 가게의 존재 여부

　④ 부동산 중개소

3   아파트를 계약할 때 필요한 것이 아닌 것은 무엇입니까?

　① 전세보증금

　② 사례금

　③ 중개 수수료

　④ 자동차 보험료

핵심 포인트

　일본은 4월에 신학기가 시작된다. 따라서 그 전에 (유)학생들은 거주할 집을 마련해야 하는데, 그때 찾아가는 곳은 어디인지, 그리고 집을 찾을 때 주의할 점, 계약할 때 필요한 점 등의 정보를 파악해 보면 내용을 쉽게 이해할 수 있다.

● 다시 한 번 천천히 읽어 보면서 전체 내용을 정확히 이해해 봅시다.　　　　Track 02

アパート探し

　日本の大学は、4月から始まる。春になると、新入生はどこに住んで暮らすか、その準備が必要になるが、そのような場合に行くのが不動産屋である。不動産屋には、どのような物件がどのくらいの価格か、最寄りの駅までどのくらいかかるかなど、物件ごとに張り紙で紹介してある。そして、1R・1K・2DK・2LDKなどの間取り

05　や一か月の家賃なども書き添えてあるので、まず不動産屋に問い合わせることから部屋探しが始まる。

　日本の集合住宅は、アパートとマンションがあるが、学生など、収入がほとんどない人は、アパートで暮らすのが一般的である。アパートを探す場合、まず一番重要なのが電車やバスなどの交通機関との距離である。駅まで近いほうがよいが、その

10　分、家賃が高くなる。また、近所にコンビニやスーパーなどの店があると、生活が便利でよい。契約のときには、一般的に礼金、敷金、仲介手数料、火災保険料のような多額のお金が必要になるので、それらも考えながらアパートを探したほうがいい。

　最近は、駅前に置かれている無料の賃貸情報誌で情報を収集したり、ネットの賃貸住宅検索サイトなどを利用することも多いが、最終的には住もうと思う近くの不

15　動産屋で聞くのがいい。

◉ 다음 본문의 내용에 대한 질문에 답해 보세요.

① アパートを探（さが）すとき、どこへ行（い）って相談（そうだん）しますか。

→ _____

② アパートを探すとき、一番重要（いちばんじゅうよう）なのは何（なん）ですか。

→ _____

③ 駅（えき）から近（ちか）いほど、どうなりますか。

→ _____

④ アパートを探すとき、二番目（にばんめ）に考慮（こうりょ）するとよいのは、どんなことですか。

→ _____

⑤ 契約（けいやく）のときには、どのようなお金（かね）が必要（ひつよう）ですか。

→ _____

⑥ 最近（さいきん）のアパート探しには、どんな方法（ほうほう）がありますか。

→ _____

📖 낱말과 표현

最寄（もよ）り 가장 가까움, 근처 ｜ 張（は）り紙（がみ） 붙인 종이, 벽보 ｜ 間取（まど）り 방의 배치 ｜ 書（か）き添（そ）える 덧붙여 쓰다 ｜

問（と）い合（あ）わせる 문의하다, 조회하다 ｜ 仲介手数料（ちゅうかいてすうりょう） 중개 수수료 ｜ 相談（そうだん） 상담 ｜ 二番目（にばんめ） 두 번째 ｜ 考慮（こうりょ） 고려

01　～てある　　~해 있다, ~해 놓다

「～てある」는 동작의 결과 상태를 나타내는 표현으로 '~한 상태가 되어 있다'라는 뜻을 나타낸다. 문맥에 따라서는 '~해 놓았다'라는 준비의 뜻을 나타내기도 한다. 단, 「～てある」 앞에는 항상 타동사만 와야 한다는 점에 주의해야 한다.

物件ごとに張り紙で紹介してある。

部屋の電気がつけてあります。

切符はもう買ってあるんですか。

02　～と　　~(하)면

접속조사 「～と」는 '~(하)면'이라는 뜻으로 비과거시제의 보통형에 접속된다. 두 개의 문장을 연결하여 '전건이 전제가 되어 거의 예외 없이 후건이 이루어지는 것', '두 사건(일)이 순차적으로 성립하는 것' 등을 나타낸다.

近所にコンビニやスーパーなどの店があると生活が便利でよい。

年を取ると、記憶が鈍る。

トンネルを抜けると、雪国だった。

📖 낱말과 표현

電気 전기 | つける 켜다 | 切符 표, 티켓 | 年を取る 나이를 먹다, 늙다 | 記憶が鈍る 기억이 흐려지다 |

トンネル 터널, 동굴 | 抜ける 빠지다 | 雪国 눈이 많이 오는 지방, 눈 고장, 설국

03 ～れる／られる　～당하다 (수동형)

「～れる／られる」는 동사의 ない형에 접속하여(단, する → される), '～당하다, ～하게 되다'는 뜻의 수동 표현을 만들 수 있다.

駅前に置かれている無料の賃貸情報誌。

突然犬に吠えられた。

急に友だちに来られて勉強ができませんでした。

04 ～(よ)うと思う　～하려고 생각하다

상대방에게 자신의 의지를 표명할 때 쓰는 표현으로 '～하려고 생각하다'라는 뜻을 나타낸다.

住もうと思う近くの不動産屋で聞くのがいい。

お昼を食べようと思います。

ダイエットのために、運動をしようと思っています。

낱말과 표현

突然 돌연, 갑자기 | 吠える 짖다 | 急に 갑자기 | お昼 점심, 점심밥 | ダイエット 다이어트 | 運動 운동

1 다음 밑줄 친 단어 중 한자는 히라가나로, 가타카나는 한자로 고쳐 쓰세요.

　　① 駅前に置かれている無料の賃貸情報誌。　　　　（　　　　　　　）

　　② 最寄りの駅までどのくらいかかるかなど。　　　　（　　　　　　　）

　　③ ケイヤクのときには、多額のお金が必要になる。　（　　　　　　　）

　　④ アパートで暮らすのがイッパンテキである。　　　（　　　　　　　）

2 다음 (　　) 안의 표현을 알맞은 형태로 바꾸어 빈칸에 써 넣으세요.

　　① ホテルはもう＿＿＿＿＿＿てあります。（予約する）

　　② 冷蔵庫にビールが＿＿＿＿＿＿てあります。（冷やす）

　　③ この道をまっすぐ＿＿＿＿＿＿と、見えます。（行った）

　　④ トンネルを＿＿＿＿＿＿と、雪国だった。（抜けた）

 낱말과 표현

ホテル 호텔 | 予約する 예약하다 | 冷蔵庫 냉장고 | ビール 맥주 | 冷やす 차게 하다, 식히다 |

まっすぐ 똑바로, 곧장

28

3 다음 문장을 〈보기〉와 같이 바꾸어 쓰세요.

> 보기 先生は吉田さんを叱りました。
> → 吉田さんは先生に叱られました。

① 母は私を起こしました。

→ ＿＿＿＿＿＿＿＿＿＿＿＿＿＿＿＿＿＿＿＿。

② 先輩は李さんを呼びました。

→ ＿＿＿＿＿＿＿＿＿＿＿＿＿＿＿＿＿＿＿＿。

③ 二人は彼女を利用しました。

→ ＿＿＿＿＿＿＿＿＿＿＿＿＿＿＿＿＿＿＿＿。

4 다음 문장을 〈보기〉와 같이 바꾸어 쓰세요.

> 보기 今日はこの小説を読みます。
> → 今日はこの小説を読もうと思います。

① 明日からお酒を止めます。

→ ＿＿＿＿＿＿＿＿＿＿＿＿＿＿＿＿＿＿＿＿。

② 英語でメールを送ります。

→ ＿＿＿＿＿＿＿＿＿＿＿＿＿＿＿＿＿＿＿＿。

③ お昼を食べます。

→ ＿＿＿＿＿＿＿＿＿＿＿＿＿＿＿＿＿＿＿＿。

낱말과 표현

叱る 꾸짖다, 야단치다 | 起こす 일으키다 | 利用する 이용하다 | 止める 그만두다, 끊다 | 送る 보내다

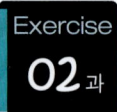

Exercise
02과 **심화 연습문제**

次の文章を読んで、後の問いに対する答えとして、最もよいものを1・2・3・4から一つ選びなさい。

私の住んでいる寮は、キャンパスの南の外れに建っています。私の部屋は3階にある303号室です。部屋にはベッドや机や冷蔵庫などがあり、エアコンもついています。冷蔵庫の上には電子レンジが置いてあります。

寮の近くには、今でもお城と古い家がたくさん残っていて、外国人観光客も大勢ここを訪れます。お城の周りは美しい公園で、公園の近くにはコンビニや電気屋、クリーニング屋などがあります。寮は駅から遠くて少し不便ですが、周りがとても静かで、緑が多くて空気もよいので、鳥や昆虫がたくさんいます。それに秋になると、紅葉がとてもきれいです。今年の秋は新しいカメラで紅葉の写真をたくさん撮ろうと思います。

本文の内容と合っているものはどれか。

1 3階建ての303号室に住んでいます。
2 冷蔵庫はついていますが、エアコンはありません。
3 寮は駅から近いので、とても便利です。
4 寮の周りはとても静かで、空気もよいです。

 낱말과 표현

寮 기숙사 | 外れ 변두리 | 電子レンジ 전자렌지 | お城 성 | 大勢 많은 사람 |
訪れる 방문하다, 찾아오다 | 電気屋 전파사 | 昆虫 곤충 | 紅葉 단풍

일상 관용어구

人間万事塞翁が馬
にんげんばんじさいおううま

인간 만사 새옹지마

🖐 어원 유래

「塞翁が馬」란, 해석하면 변방 늙은이의 말(馬)이라는 뜻으로, '세상의 일은 변화무상하므로 인생의 길흉화복은 예측할 수 없다'는 뜻으로 풀이될 수 있다. 이 고사성어는 다음과 같은 일화에서 생겨난 것이다.

중국 변방에 한 노인이 살고 있었다. 그러던 어느 날, 노인이 키우는 말이 오랑캐의 땅으로 도망갔다. 사람들이 이를 애석해했지만 몇 달이 지난 후, 그 말은 오랑캐의 준마를 데리고 돌아왔다. 그런데 어느 날, 늙은이의 아들이 그 오랑캐 준마를 타다가 다리가 부러져 절름발이가 되었는데, 그로부터 얼마 후 오랑캐의 침입으로 마을 젊은이들은 모두 전쟁터에 끌려가서 죽었다. 하지만 노인의 아들은 절름발이 였기 때문에 무사했다고 한다.

예 就職試験に落ちたからと言って落胆する必要はない。人間万事塞翁が馬とい

うだろう。

취직시험에 떨어졌다고 해서 낙담할 필요는 없다. 인간 만사 새옹지마라고 하지 않는가.

けがをしても悲しむことはないさ。人間万事塞翁が馬というじゃないか。

다쳤다고 해도 슬퍼할 거 없어. 인간 만사 새옹지마라고 하잖아.

3과

バイト探し 아르바이트 찾기

 워밍업 Warming-up

1.「バイト」라는 말로 여러분은 어떤 것이 연상되나요?

2. 여러분들은「バイト」를 한 경험이 있나요?

핵심 표현 key Expression

❶ どのようにバイトを探せばよいのか、わからないことが多い。

❷ 自分の勉強時間との関係を十分に考えなければならない。

❸ 自分に合った条件を事前に考えた上で、バイトを探すことである。

❹ 時給のいいバイトを探すなら、深夜の時間帯を勧める。

■ バイト アルバイト(「アルバイト」의 준말)

■ 経験(けいけん) 경험

■ 職種(しょくしゅ) 직종

■ 最適だ(さいてき) 최적이다

■ 大事だ(だいじ) 중요하다, 소중하다

■ 仕送り(しおく) 생활비나 학비를 보내줌

■ 足りない(た) 부족하다, 모자라다

■ 稼ぐ(かせ) 벌다

■ 学ぶ(まな) 배우다

■ 実用的(じつようてき) 실용적

■ 現場(げんば) 현장

■ 目的(もくてき) 목적

■ 一足早い(ひとあしはや) 한발 빠르다

■ それぞれ 각각

■ 欠かせない(か) 빠뜨릴 수 없다, 없어서는 안 된다

■ 十分だ(じゅうぶん) 충분하다

■ 時給(じきゅう) 시급

■ 時間帯(じかんたい) 시간대

■ 担当者(たんとうしゃ) 담당자

■ 相談する(そうだん) 상담하다

■ 個人(こじん) 개인

■ バイト先(さき) 아르바이트 하는 곳

■ せっかく 모처럼

■ 事前に(じぜん) 사전에

■ 給料(きゅうりょう) 급여, 월급

■ 環境(かんきょう) 환경

■ 様々(さまざま) 여러 가지, 가지각색

■ 都合(つごう) 형편, 사정

■ 祝日(しゅくじつ) 축일, 기념일

■ 深夜(しんや) 심야

■ 勧める(すす) 추천하다

■ 賃金(ちんぎん) 임금

● 이 과에서 배우게 될 내용이 무엇인지 <u>스스로</u> 읽어봅시다.

バイト探し

　日本でバイトをまだ経験したことがない留学生には、どのようにバイトを探せば
よいのか、どんな職種が最適なのかわからないことが多い。学生にとって一番大事
なのは勉強だが、ほとんどの留学生はバイトをしている。留学生がバイトをするの
は、授業料や生活費など、親からの仕送りの足りない分を稼いだり、学校では学ぶ
05 ことのできない実用的な日本語や文化を現場で学ぶ目的もある。またバイトで一足
早く社会経験ができるからという人もいる。目的は人それぞれ違っているが、留学
生にバイトは欠かせないものだと思う。

　バイトを探すときは、まず自分の勉強時間との関係を十分に考えなければならな
い。バイトは仕事の内容によって、時給も違うし、時間帯も違う。大学には、バイ
10 トの紹介の担当者もいるので、直接相談するのがよい。個人で探すのは難しいが、
いいバイト先を知っている先輩や友だちに紹介してもらうのもよい。

　せっかくバイトをするなら、楽しみながら働くことが一番なので、まず自分に
合った条件を事前に考えた上で、バイトを探すことである。つまり、勤務時間、給
料、働く環境など、条件は様々であるので、これらの中で自分の都合を考えて、バ
15 イトを探すことが大事だと思う。

　また、時給のいいバイトを探すなら、土日祝日勤務や深夜の時間帯を勧める。短
時間で多くの賃金を稼ぐためには、そうしたほうがよいと思う。

1   본문을 읽고 기억에 남는 단어를 아래에 3개 이상 써 보세요.

→ _____

2   본문에서 대부분의 유학생들이 아르바이트를 하고 있지만 저마다 그 목적이 다르다
고 하였는데, 그 목적이 아닌 것을 고르세요.

　🔟 부모가 보내준 돈으로는 수업료나 생활비가 부족하여 돈을 벌고자 하는 목적

　② 학교에서 배울 수 없는 실용적인 일본어나 문화를 현장에서 배우고자 하는 목적

　③ 인생을 즐기고자 하는 목적

　④ 한 걸음 빠른 사회 경험을 하고자 하는 목적

3   본문에서 아르바이트를 하게 된다면 어떤 일이 가장 좋다고 했습니까?

　🔟 단시간에 많은 임금을 받을 수 있는 아르바이트

　② 즐기면서 일을 할 수 있는 것이 최고이므로 자기 자신의 사정에 맞는 아르바이트

　③ 근무 시간이 짧은 아르바이트

　④ 야간 시간대의 아르바이트

　　🔹 핵 심 포 인 트 🔹

　　많은 유학생들이 아르바이트를 하는데, 각자의 목적은 다르다. 아르바이트를 구할 때의 유의할 점
　　과 중요한 점, 그리고 아르바이트를 찾는 경로 등의 정보를 파악해 보면 쉽게 이해할 수 있다.

● 다시 한 번 천천히 읽어 보면서 전체 내용을 정확히 이해해 봅시다.　Track 03

バイト探_{さが}し

　日本でバイトをまだ経験したことがない留学生には、どのようにバイトを探せば
よいのか、どんな職種が最適なのかわからないことが多い。学生にとって一番大事
なのは勉強だが、ほとんどの留学生はバイトをしている。留学生がバイトをするの
は、授業料や生活費など、親からの仕送りの足りない分を稼いだり、学校では学ぶ
ことのできない実用的な日本語や文化を現場で学ぶ目的もある。またバイトで一足
早く社会経験ができるからという人もいる。目的は人それぞれ違っているが、留学
生にバイトは欠かせないものだと思う。

　バイトを探すときは、まず自分の勉強時間との関係を十分に考えなければならな
い。バイトは仕事の内容によって、時給も違うし、時間帯も違う。大学には、バイ
トの紹介の担当者もいるので、直接相談するのがよい。個人で探すのは難しいが、
いいバイト先を知っている先輩や友だちに紹介してもらうのもよい。

　せっかくバイトをするなら、楽しみながら働くことが一番なので、まず自分に
合った条件を事前に考えた上で、バイトを探すことである。つまり、勤務時間、給
料、働く環境など、条件は様々であるので、これらの中で自分の都合を考えて、バ
イトを探すことが大事だと思う。

　また、時給のいいバイトを探すなら、土日祝日勤務や深夜の時間帯を勧める。短
時間で多くの賃金を稼ぐためには、そうしたほうがよいと思う。

◉ 다음 본문의 내용에 대한 질문에 답해 보세요.

① 学生にとって一番大切なのは何ですか。

→ _____

② バイトを探すとき、最初に考えなければならないのは何ですか。

→ _____

③ バイトがしたいときは、どこに相談したらいいですか。

→ _____

④ いいバイト先は、誰に紹介してもらったらいいですか。

→ _____

⑤ 短時間で多くのお金を稼ぎたいときはどんなバイトがいいですか。

→ _____

낱말과 표현

職種 직종 | 仕送り 생활비나 학비를 보내 줌 | 稼ぐ 벌다 | 一足早い 한발 빠르다 | せっかく 모처럼 |

祝日 축일, 기념일 | 賃金 임금 | 最初 최초

01   ～ば   ～하면

접속조사 「～ば」는 우리말의 '～하면'이란 뜻으로 동사 · い형용사 · な형용사의 가정형
에 접속되며, 가정조건에 의한 순접을 나타낸다.

どのようにバイトを探せばよいのか、わからないことが多い。

雨が上がれば、すぐにでも出発する。

謝れば、許してやる。

仕事もすれば、遊びもする。

02   ～なければならない   ～하지 않으면 안 된다

'～하지 않으면 안 된다(～해야 한다)'는 뜻으로 사회에서 일반적으로 기대되는 의무나
필요를 나타내는 표현이다. 활용어의 ない형에 접속되며, 같은 표현으로는 「～なくて
ならない」가 있다.

自分の勉強時間との関係を十分に考えなければならない。

韓国の男性は必ず軍隊に行ってこなければなりません。

操作方法は簡単でなければならない。

낱말과 표현

上がる 그치다 | すぐにでも 당장이라도 | 謝る 사죄하다 | 許す 용서하다 | 男性 남성 | 必ず 반드시 |
軍隊 군대 | 操作方法 조작 방법

03 ～た上_{うえ}で ～한 후에

'우선 ～한 후에 그것을 바탕으로 다음 행동을 취한다'는 의미를 나타낼 때 쓰이는 표현으로, 우리말로는 '～한 후에, ～한 다음에'라는 뜻이다.

自分_{じぶん}に合_あった条件_{じょうけん}を事前_{じぜん}に考_{かんが}えた上_{うえ}で、バイトを探_{さが}すことである。

よく確_{たし}かめた上_{うえ}で、書類_{しょるい}には判子_{はんこ}を押_おしてください。

どちらのコースを選_{えら}ぶかよく考_{かんが}えた上_{うえ}で、決_きめてください。

04 ～なら ～라면

확정된 일이나 상대방의 말을 받아서 조건으로 나타낼 때 쓰이는 표현으로, 그 외 가정 조건이나 주제를 나타내기도 한다. 활용형의 보통형(단, な형용사는 어간)에 접속되고, 명사에는 직접 접속된다. 우리말로는 '～(이)라면, ～(할)거라면, ～(한)다면, ～면'의 뜻을 나타낸다.

時給_{じきゅう}のいいバイトを探_{さが}すなら、深夜_{しんや}の時間帯_{じかんたい}を勧_{すす}める。

あなたがそんなことをするなら、私_{わたし}は困_{こま}ってしまいます。

豆腐_{とうふ}が嫌_{きら}いなら、食_たべなくてもいいです。

📖 낱말과 표현

確_{たし}かめる 확실히 하다, 확인하다 | 判子_{はんこ} 도장 | 押_おす 찍다 | 選_{えら}ぶ 고르다, 선택하다 | 困_{こま}る 곤란하다 |

豆腐_{とうふ} 두부 | ～なくてもいい ～하지 않아도 된다

1 다음 밑줄 친 단어 중 한자는 히라가나로, 가타카나는 한자로 고쳐 쓰세요.

❶ どんな職種が最適なのかわからないことが多い。　（　　　　　　　　　）

❷ つまり、勤務時間、給料、働く環境など、条件は様々である。

（　　　　　　　　　）

❸ 短時間で多くのチンギンを稼ぐためには、そうしたほうがよいと思う。

（　　　　　　　　　）

❹ これらの中で自分のツゴウを考えて、バイトを探す。

（　　　　　　　　　）

2 다음 （　　　） 안의 표현을 알맞은 형태로 바꾸어 빈칸에 써 넣으세요.

❶ 年を取っても＿＿＿＿＿＿なければなりません。（美しい）

❷ 図書館というものは＿＿＿＿＿＿なければならない。（静かだ）

❸ この薬を＿＿＿＿＿＿ば、治ります。（飲む）

❹ 商品が＿＿＿＿＿＿ば、少々高くても買います。（よい）

낱말과 표현

年を取る 나이를 먹다 ｜ 治る 치유되다, 낫다 ｜ 商品 상품 ｜ 少々 조금

3 다음 「～なら」를 사용하여 〈보기〉와 같이 바꾸어 쓰세요.

> 보기 明日いい天気です / ハイキングに行きます
>
> → 明日いい天気ならハイキングに行きます。

① 郵便局へ行きます / 切手を買ってきてください

→ ＿＿＿＿＿＿＿＿＿＿＿＿＿＿＿＿＿＿＿＿＿＿＿＿＿。

② 風邪です / この薬を飲むといいですよ

→ ＿＿＿＿＿＿＿＿＿＿＿＿＿＿＿＿＿＿＿＿＿＿＿＿＿。

③ 豆腐が嫌いです / 食べなくてもいいです

→ ＿＿＿＿＿＿＿＿＿＿＿＿＿＿＿＿＿＿＿＿＿＿＿＿＿。

4 다음 「～た上で」를 사용하여 〈보기〉와 같이 바꾸어 쓰세요.

> 보기 どの大学を受験するか、両親と相談します / 決めます
>
> → どの大学を受験するか、両親と相談した上で決めます。

① 説明書をよく読みます / 使ってください

→ ＿＿＿＿＿＿＿＿＿＿＿＿＿＿＿＿＿＿＿＿＿＿＿＿＿。

② 討論会のテーマはみんなで話し合います / 決めます

→ ＿＿＿＿＿＿＿＿＿＿＿＿＿＿＿＿＿＿＿＿＿＿＿＿＿。

③ よく確かめます / 書類には判子を押してください

→ ＿＿＿＿＿＿＿＿＿＿＿＿＿＿＿＿＿＿＿＿＿＿＿＿＿。

 낱말과 표현

受験する (입학) 시험을 치르다 | 両親 양친, 부모 | 討論会 토론회 | テーマ 주제 | 話し合う 서로 이야기하다

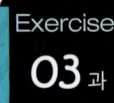

Exercise 03과 심화 연습문제

次の文章を読んで、後の問いに対する答えとして、最もよいものを1・2・3・4から一つ選びなさい。

> 　私は、大学生が社会に出る前に、バイトをやってみる必要があるという意見に賛成です。なぜなら、バイトをすれば、色々な経験ができるし、自分が生活している「社会」をもっと知ることができるからです。特に卒業後、就職したいなら、大学の勉強もしっかりした上で、バイトの経験を積むことが大切です。
>
> 　また、バイトは、学校では体験できないことを体験できたり、いろんな人と交流もできます。その上、バイトをすることによって、時間を有効に利用する方法を覚えることもできます。けれども、毎日バイトばかりして、授業に遅れたり、勉強する時間がなくなってしまうなら、それはよいことではありません。ですから、大学生は自分ができる範囲で、バイト生活をしたほうがよいと思います。

大学生にバイトが必要な理由に合わないものは何か。

1　社会の色々な経験ができるため
2　いろんな人と交流ができるため
3　お金をたくさん稼げるため
4　学校で体験できないことを体験できるため

 낱말과 표현

賛成 찬성 ｜ 特に 특히 ｜ 就職する 취직하다 ｜ しっかり 확고히, 견실하게 ｜ 積む 쌓다 ｜ 交流 교류 ｜
有効 유효 ｜ 範囲 범위 ｜

42

일상 관용어구

天王山
てんのうざん

승패를 판가름하는 기회

👆 어원 유래

「天王山」이란 「京都」의 남부에 위치한 산 이름으로, 지리적인 요건 때문에 일본의 「南北朝」의 전란에서도 전략상의 요지로서 쟁탈전이 벌어졌던 곳이다. 현재는 '승패나 운명의 중대한 분기점(기로)'이라는 의미로 사용되는 용어이다. 그 중에서도 1582년에 주군인 오다 노부나가(織田信長)를 반역하여 죽인 아케치 미쓰히데(明智光秀)와 그 원수를 갚고자 하는 하시바 히데요시(羽柴秀吉)가 전투를 치른 야마자키 전투(山崎の戦い)에서 이 산을 제압한 쪽이 천하를 얻게 된다고 하여, 일본에서는 '천하제패의 분수령 텐노잔(天下分け目の天王山)'이라는 말로 표현되었으며, 현재에는 스포츠나 게임의 중대한 시합이나 국면을 비유하는데 사용되고 있다. 또한 이 전투를 제압한 히데요시는 같은 해 말에 이곳에 야마자키성(山崎城)을 쌓았으며, 이듬해 오사카성(大阪城)으로 옮길 때까지 본거지로 삼았다.

예 自民党の安倍総裁が政権奪還に向け天王山を迎えている。

자민당의 아베 총리가 정권 탈환을 위한 승패를 판가름하는 기회를 맞고 있다.

毎年、春になると就活戦線も天王山を迎え、就活生は毎日がめまぐるしく動いています。

매년 봄이 되면 취업 전선도 승패를 판가름하는 기회를 맞아, 구직자는 매일 바쁘게 움직이고 있습니다.

4과

日本の住宅状況 일본의 주택 상황

<small>に ほん じゅうたくじょうきょう</small>

 워밍업 Warming-up

1. 「日本の住宅」하면 무엇이 떠오르나요?
<small>に ほん じゅうたく</small>

2. 「日本の住宅」는 어떤 모습을 하고 있고, 어떤 특징을 가지고 있을까요?
<small>に ほん じゅうたく</small>

핵심 표현 key Expression

❶ 日本の住まいは、個人住宅と集合住宅に分けられる。
<small>に ほん す こ じんじゅうたく しゅうごうじゅうたく わ</small>

❷ それに対して、集合住宅は、まずアパートとマンションに分けられる。
<small>たい しゅうごうじゅうたく わ</small>

❸ どの家にも必ずリビングやキッチン、お風呂があり、そして座敷もある。
<small>いえ かなら ふ ろ ざ しき</small>

❹ アパートは、木造の二階建てが多く、学生や独身のサラリーマンが多く
<small>もくぞう に かい だ おお がくせい どくしん おお</small>
住んでいる。
<small>す</small>

44

단어노트

■ 住^すまい 주거, 주소, 사는 일

■ 集合住宅^{しゅうごうじゅうたく} 집합 주택, 공동 주택

■ 一戸建^{いっこだ}て 단독 주택

■ 大都市^{だいとし} 대도시

■ 近郊^{きんこう} 근교

■ 集中^{しゅうちゅう} 집중

■ 地域^{ちいき} 지역

■ 分^わかれる 구별되다, 갈라지다

■ 傾向^{けいこう} 경향

■ 内部^{ないぶ} 내부

■ 造^{つく}り 만듦새, 구조

■ 外観^{がいかん} 외관

■ お風呂^{ふろ} 목욕탕

■ 座敷^{ざしき} 다다미방, 특히 손님방

■ 床^{とこ}の間^ま 일본식 방의 상좌(上座^{かみざ})에 바닥을 한층 높게 만든 곳

■ 板張^{いたば}り 판자를 깔아 놓은 곳

■ 神棚^{かみだな} 집안에 신을 모셔놓은 신단

■ 神様^{かみさま} 신(神)의 높임말

■ 祀^{まつ}る 제사 지내다, 모시다

■ 仏壇^{ぶつだん} 불단

■ 和室^{わしつ} 일본식 방, 다다미방

■ 木造^{もくぞう} 목조

■ 独身^{どくしん} 독신

■ 鉄筋^{てっきん} 철근

■ 鉄骨^{てっこつ} 철골

■ 階数^{かいすう} 층수

■ 台所^{だいどころ} 부엌

■ 寝室^{しんしつ} 침실

■ 高級感^{こうきゅうかん} 고급감

■ 材質^{ざいしつ} 재질

■ 良質^{りょうしつ} 양질

◉ 이 과에서 배우게 될 내용이 무엇인지 <u>스스</u>로 읽어봅시다.

日本の住宅状況

　日本の住まいは、個人住宅と集合住宅に分けられる。個人住宅は、「一戸建て」と言われる住宅である。それに対して、集合住宅は、まずアパートとマンションに分けられる。東京や大阪など、大都市の近郊には、個人住宅ばかりが集中している所と、集合住宅ばかりが集中している所がある。つまり、個人住宅の地域と集合住宅
05　の地域に分かれる傾向がある。

　個人住宅の内部がどんな造りであるかは、外観だけではわからない。しかし、どの家にも必ずリビングやキッチン、お風呂があり、そして座敷には、日本にしかない床の間という一段高い板張りの場所もある。さらに、神棚という神様を祀る棚のある部屋があったり、仏壇を置いてある和室があったりする。

10　集合住宅の場合、アパートは、木造の二階建てが多く、学生や独身のサラリーマンが多く住んでいる。マンションは、鉄筋・鉄骨で作られ、階数も三階から十数階のものまでいろいろある。アパートには、6畳の部屋が一つか二つに、トイレや台所、それからお風呂が付いている。それに対して、マンションは、部屋の数も様々で、寝室やその他の部屋もアパートより高級感があり、材質も良質のものが多い。

1   본문을 읽고 기억에 남는 단어를 아래에 3개 이상 써 보세요.

    → _____

2   본문에 대한 설명으로 틀린 것을 고르세요.

　❶ 도쿄, 오사카 등 대도시의 근교는 각각 단독 주택 지역과 공동 주택 지역으로 나뉘어지는
      경향이 있다.

　❷ 단독 주택의 내부는 외관만으로 알 수 있다.

　❸ 아파트는 목조의 2층 건물이 많다.

　❹ 맨션은 철근 · 철골로 만들어진다.

3   '신을 받드는 단'을 의미하는 단어를 본문에서 찾아 고르세요.

　❶ 座敷
　　ざ しき

　❷ 神棚
　　かみだな

　❸ 部屋
　　へ や

　❹ 和室
　　わ しつ

　　핵심 포인트

　일본 주택은 단독 주택과 공동 주택으로 나누어지고, 공동 주택은 다시 아파트와 맨션으로 나누어
　진다. 이것들은 각각 어떠한 만듦새로 되어 있고, 어떠한 특징을 나타내는지 그 정보를 파악해 보
　면 쉽게 이해할 수 있다.

● 다시 한 번 천천히 읽어 보면서 전체 내용을 정확히 이해해 봅시다.   Track 04

日本の住宅状況

日本の住まいは、個人住宅と集合住宅に分けられる。個人住宅は、「一戸建て」と言われる住宅である。それに対して、集合住宅は、まずアパートとマンションに分けられる。東京や大阪など、大都市の近郊には、個人住宅ばかりが集中している所と、集合住宅ばかりが集中している所がある。つまり、個人住宅の地域と集合住宅
05 の地域に分かれる傾向がある。

個人住宅の内部がどんな造りであるかは、外観だけではわからない。しかし、どの家にも必ずリビングやキッチン、お風呂があり、そして座敷には、日本にしかない床の間という一段高い板張りの場所もある。さらに、神棚という神様を祀る棚のある部屋があったり、仏壇を置いてある和室があったりする。

10 集合住宅の場合、アパートは、木造の二階建てが多く、学生や独身のサラリーマンが多く住んでいる。マンションは、鉄筋・鉄骨で作られ、階数も三階から十数階のものまでいろいろある。アパートには、6畳の部屋が一つか二つに、トイレや台所、それからお風呂が付いている。それに対して、マンションは、部屋の数も様々で、寝室やその他の部屋もアパートより高級感があり、材質も良質のものが多い。

◉ 다음 본문의 내용에 대한 질문에 답해 보세요.

① 日本の住宅は、集合住宅と何がありますか。

→ _____

② 集合住宅には、何がありますか。

→ _____

③ 座敷の中にある日本の住宅にしかないものは何ですか。

→ _____

④ 木造の二階建てのアパートには、主に誰が住んでいますか。

→ _____

⑤ アパートに比べて、マンションはどんな材質を使いますか。

→ _____

 낱말과 표현

集合住宅 공동 주택 | 一戸建て 단독 주택 | 板張り 판자를 깔아 놓은 곳 | 神棚 집안에 신을 모셔놓은 신단 |
祀る 제사 지내다 | 仏壇 불단 | 良質 양질 | 主に 주로 | ～に比べて ～에 비해서

01 ～れる / られる　　～할 수 있다(동사의 가능형)

「～れる / られる」는 동사의 ない형에 접속하여 '～할 수 있다'는 뜻의 가능형을 만들 수 있다. 단,「する」의 가능형은 「できる」가 된다.

日本の住まいは、個人住宅と集合住宅に分けられる。

この山なら簡単に登れる。

納豆は食べられません。

02 それに対して　　그에 반해

우리말로는 '그에 반해'라는 뜻으로 역접을 나타내는 접속사이며, 같은 레벨에 있는 대상을 비교하여 그 사이에 보이는 차이를 명확히 나타내는 기능을 한다.

個人住宅は、「一戸建て」と言われる住宅である。それに対して、集合住宅は、まずアパートとマンションに分けられる。

去年の秋は雨ばかり降っていた。それに対して、今年は晴天の日が続いている。

与党はその法案に賛成しました。それに対して、野党は反対しました。

낱말과 표현

登る 오르다 | 納豆 낫토 | 晴天 맑게 갠 하늘 | 与党 여당 | 法案 법안 | 賛成 찬성 | 野党 야당 | 反対 반대

03 동사의 중지법

동사의 ます형은 뒤에 「ます」를 접속하면 정중한 표현이 되지만, 바로 뒤에 「読点(ど く て ん、)」을 찍고 문장을 이어가면, 문장을 중지하는(도중에 일단 멈추는) 기능이 있다. 이것을 연용중지법이라고 한다.

どの家いえにも必かならずリビングやキッチン、お風呂ふ ろがあり、そして座敷ざ し きには、日本に ほ んにしかない床とこの間まという一段高いちだんたか い板張いたばりの場所ば し ょもある。

日ひが沈しずみ、月つきが昇のぼる。

雨あめも降ふり、風かぜも吹ふく。

04 い형용사의 「〜く」 용법

い형용사의 연용형 「〜く」는 중지법으로 사용되거나 부사와 같이 연용수식어로 사용되기도 하며(부사법), 또한 명사로 변하여 사용되기도 한다(전성명사).

アパートは、木造もくぞうの二階建に か い だてが多おおく、学生がくせいや独身どくしんのサラリーマンが多おおく住んでいる。〈중지법〉

そんなに早はやく走はしると、転ころんでしまいますよ。〈부사법〉

学校がっこうはその川かわの近ちかくにある。〈전성명사〉

 낱말과 표현

沈しずむ 가라앉다, (해, 달이) 지다 | 昇のぼる 높이 올라가다, 떠오르다 | 吹ふく (바람이) 불다 | 転ころぶ 자빠지다, 구르다

1 다음 밑줄 친 단어 중 한자는 히라가나로, 가타카나는 한자로 고쳐 쓰세요.

　❶ 個人住宅は、「一戸建て」と言われる住宅である。　（　　　　　　　　　）

　❷ 東京や大阪など、大都市の近郊。　　　　　　　　（　　　　　　　　　）

　❸ ブツダンを置いてある和室があったりする。　　　（　　　　　　　　　）

　❹ 学生やドクシンのサラリーマンが多く住んでいる。（　　　　　　　　　）

2 다음 （　　） 안의 동사를 가능형으로 바꾸어 문장을 완성하세요.

　❶ 図書館の前に車は（止める → 　　　　　　　）ません。

　❷ 貴重な資料なので、コピーは（する → 　　　　　　　）ません。

　❸ 本は何冊まで（借りる → 　　　　　　）ますか。

　❹ 山口さんは昨日（来る → 　　　　　　）なかった。

📖 낱말과 표현

貴重だ 귀중하다 | 資料 자료 | コピー 복사 | 借りる 빌리다

3 다음 い형용사의 「〜く」용법을 〈보기〉에서 골라 쓰세요.

> 보기　중지법　부사법　전성명사

1 図書館は新しく、中にはいろいろな本や新聞や雑誌があります。
（　　　　　）

2 鳥が多く飛んでいる。（　　　　　）

3 花子が遠くに行った。（　　　　　）

4 雨も激しく、風も強い。（　　　　　）

4 다음 (　　) 안의 동사를 중지법(ます형)으로 바꾸어 문장을 완성하세요.

1 花子は朝食を (食べる →　　　　　　)、朝刊を読んだ。

2 毎日必ず宿題を (する →　　　　　　)、学習したことを復習します。

3 兄が本を (読む →　　　　　)、弟が聞く。

4 雨も (降る →　　　　　)、風も吹く。

| 朝食 조식 | 朝刊 조간 | 宿題 숙제 | 学習 학습 | 復習 복습 |

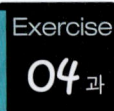
次の文章を読んで、後の問いに対する答えとして、最もよいものを1・2・3・4から一つ選びなさい。

　日本は土地の面積が限られているため、他の国に比べて住宅は小さく、かつては「うさぎ小屋」などと呼ばれていました。そのため、近年では、特に都心を中心に高層マンションが増えています。

　日本の伝統的な家は木造が多く、従来は畳の「和室」が一般的でした。床の間では、掛け軸や活け花などを飾って日本らしい風情を楽しめます。また、木の枠に和紙を貼った障子は、和紙が部屋にやわらかい光を届けるため、日本家屋らしい陰影の風情も楽しめるものです。最近ではコンクリート建ての家も増え、フローリングの人気も高くなっていますが、その一方で、少なくとも１部屋は和室を設ける家もまだまだ多く見られます。

日本の伝統的な家にふさわしくないものは何か。

1　床の間という場所がある。

2　和紙を貼った障子がある。

3　家の中にはフローリングがある。

4　家の材質は木でできている。

낱말과 표현

面積 면적 ┃ うさぎ小屋 토끼집 ┃ 都心 도심 ┃ 伝統的 전통적 ┃ 従来 종래 ┃ 掛け軸 족자 ┃ 活け花 꽃꽂이 ┃
風情 풍치, 운치 ┃ 楽しめる 즐길 수 있다, 즐거움을 주다 ┃ 和紙 일본 고유의 종이 ┃ 貼る 바르다, 붙이다 ┃
障子 장지, 미닫이 ┃ 家屋 가옥 ┃ 陰影 음영 ┃ フローリング 플로링, 바닥 재료가 목재로 된 공간

일상 관용어구

鳴くまで待とうホトトギス

울 때까지 기다리자 두견새

👆 어원 유래

일본 에도시대 말기 지방호족이었던 마쓰라 세이잔이 전국시대 영웅 3인의 인생관을 빗대 만든 일본 시조(하이쿠)의 한 대목에 "두견새가 울지 않는다면 죽여 버려라. (오다 노부나가), 두견새가 울지 않는다면 울게 만들어라. (도요토미 히데요시), 두견새가 울지 않는다면 울 때까지 기다려라. (도쿠가와 이에야스)"라는 구절이 나온다. 이들은 임진왜란과 관련된 장본인이지만, 일본인이 가장 좋아하는 영웅이기도 하다. 또한, 극명하게 대비되는 캐릭터 때문에 팬이 나뉠 정도다. 불같은 성격의 노부나가는 전국시대의 혼란기를 정비하며 일본 통일의 초석을 다져 놓았고, 지략과 전술의 대명사로 꼽히는 히데요시는 처음으로 통일 대업을 완수했다. 그리고 때를 기다린 도쿠가와는 결국 에도막부라는 통일 제국을 265년간 굳건히 지키는 토대를 만들었다.

> 예 信長「鳴かぬなら、殺してしまえホトトギス」
> 노부나가 "울지 않으면 죽여 버려라 두견새"
>
> 秀吉「鳴かぬなら、鳴かせてみようホトトギス」
> 히데요시 "울지 않으면 울게 해 보자 두견새"
>
> 家康「鳴かぬなら、鳴くまで待とうホトトギス」
> 이에야스 "울지 않으면 울 때까지 기다리자 두견새"

5과

きんじょ
近所へのあいさつ 이웃에게 하는 인사

きんじょ
1. 「近所へのあいさつ」를 할 때 일본인들은 무엇을 준비할까요?

きんじょ
2. 「近所へのあいさつ」를 할 때 여러분은 보통 어떻게 합니까?

핵심 표현 key Expression

あいて き つか
❶ あまり相手に気を使わせない。

あいて き つか て がる も
❷ あまり相手に気を使わせないような手軽なものを持っていく。

みぎどなり ことし はる しゅうしょく どくしん す
❸ 右隣には、今年の春、就職したばかりの独身のOLが住んでいる。

ひる ま いそが あ
❹ 昼間はみんな忙しくてなかなか会えない。

- 向こう三軒両隣（むこうさんげんりょうどなり） 가장 가까운 이웃
  (맞은편 세 집과 좌우의 두 집)

- 慣用表現（かんようひょうげん） 관용 표현

- 街中（まちなか） 시내, 시가지, 번화가

- 小売商店（こうりしょうてん） 소매상점

- 向かい側（むかいがわ） 맞은 편

- 最低（さいてい） 최저

- お付き合いする（つきあい） 교제하다

- 関係（かんけい） 관계

- 引っ越す（ひっこす） 이사하다

- 挨拶回り（あいさつまわり） 주변에 인사 다니기

- それほど 그다지, 그만큼, 그 정도

- 際（さい） 때, 기회

- 上下階（じょうげかい） 상하층

- マナー[manner] 매너, 예의범절

- おそば 메밀국수

- 洗剤（せんざい） 세제

- 相手（あいて） 상대

- 気を使う（きつかう） 마음을 쓰다

- 手軽だ（てがるだ） 간편하다, 간단하다

- 適当だ（てきとうだ） 적당하다

- 安心（あんしん） 안심

- 遅い（おそい） 늦다, 느리다

- もしかすると 어쩌면

- 音が響く（おとひびく） 소리가 울리다

- ～かもしれない ~지도 모른다

- 伝える（つたえる） 전하다

- 多少（たしょう） 다소

- 物音がする（ものおと） 소리가 나다

- トラブルが起こる（おこる） 트러블이 일어나다

- お互い（たがい） 서로, 쌍방

- 仲がよい（なか） 사이가 좋다

- たまに 가끔

● 이 과에서 배우게 될 내용이 무엇인지 <u>스스</u>로 읽어봅시다.

近所へのあいさつ

　日本には、「向こう三軒両隣」という慣用表現がある。例えば、街中にある小売商店などは、向かい側の三軒と両隣の二軒が、最低お付き合いする関係にある、ということになる。しかし、マンションで生活する人が多くなって、この表現は忘れられてきているようである。ただ、引っ越した先で隣り近所に挨拶回りをすることは
05　今も昔とそれほど変わっていない。一般的に引っ越しの際には、アパートやマンションであれば上下階と両隣の4部屋に挨拶するのがマナーだといわれている。

　引っ越しの際、挨拶に行く場合は、昔はおそばを持っていくことが多かったが、最近はタオルや洗剤、お菓子など、あまり相手に気を使わせないような手軽なものを持っていくのが適当だという。

10　挨拶をしておけば、近所にどのような人が住んでいるかを知ることができ、安心できるし、「バイトが夜遅いので、もしかすると夜中に音が響いてしまうことがあるかもしれませんが…」と伝えておけば、多少物音がしてもトラブルが起こらない。

　私が住んでいるアパートの左隣には、他の大学に通う中国からの留学生が住んでいて、右隣には、今年の春、就職したばかりの独身のOLが住んでいる。二人とは
15　引っ越しの挨拶をしてから、お互い仲がよくなった。昼間はみんな忙しくてなかなか会えないが、たまに週末、一緒に飲みに行ったりする仲である。

1 본문을 읽고 기억에 남는 단어를 아래에 3개 이상 써 보세요.

→ _____

2 옛날에 일본에서 이사를 하면 인사차 이웃집에 돌렸던 것은 무엇인지 본문에서 찾아 고르세요.

1 タオル

2 洗剤
　せんざい

3 おそば

4 お菓子
　　か し

3 친하게 교제하는 가까운 이웃(맞은편 세 집과 좌우의 두 집)을 나타내는 관용 표현을 본문에서 찾아 고르세요.

1 向かい側の三軒
　む　　がわ　　さんげん

2 向こう三軒両隣
　む　　　さんげんりょうどなり

3 両隣の二軒
　りょうどなり　に けん

4 挨拶回り
　あいさつまわ

핵심 포인트

일본은 옛날이나 지금이나 이사를 가면 이웃집에 인사를 돈다. 옛날에는 인사차 무엇을 가져갔으며, 오늘날은 무엇을 가져가는지, 그리고 인사를 하는 이유 등의 정보를 파악해 보면 본문 내용을 쉽게 이해할 수 있다.

● 다시 한 번 천천히 읽어 보면서 전체 내용을 정확히 이해해 봅시다.　Track 05 🎧

近所へのあいさつ

日本には、「向こう三軒両隣」という慣用表現がある。例えば、街中にある小売商店などは、向かい側の三軒と両隣の二軒が、最低お付き合いする関係にある、ということになる。しかし、マンションで生活する人が多くなって、この表現は忘れられてきているようである。ただ、引っ越した先で隣り近所に挨拶回りをすることは今も昔とそれほど変わっていない。一般的に引っ越しの際には、アパートやマンションであれば上下階と両隣の4部屋に挨拶するのがマナーだといわれている。

引っ越しの際、挨拶に行く場合は、昔はおそばを持っていくことが多かったが、最近はタオルや洗剤、お菓子など、あまり相手に気を使わせないような手軽なものを持っていくのが適当だという。

挨拶をしておけば、近所にどのような人が住んでいるかを知ることができ、安心できるし、「バイトが夜遅いので、もしかすると夜中に音が響いてしまうことがあるかもしれませんが…」と伝えておけば、多少物音がしてもトラブルが起こらない。

私が住んでいるアパートの左隣には、他の大学に通う中国からの留学生が住んでいて、右隣には、今年の春、就職したばかりの独身のOLが住んでいる。二人とは引っ越しの挨拶をしてから、お互い仲がよくなった。昼間はみんな忙しくてなかなか会えないが、たまに週末、一緒に飲みに行ったりする仲である。

◉ 다음 본문의 내용에 대한 질문에 답해 보세요.

1 日本<small>にほん</small>では、引<small>ひ</small>っ越<small>こ</small>しをしたら何<small>なに</small>をしますか。

→ _____

2 挨拶回<small>あいさつまわ</small>りのとき、最近<small>さいきん</small>は何<small>なに</small>を持<small>も</small>って行<small>い</small>きますか。

→ _____

3 挨拶<small>あいさつ</small>をしておけば、何<small>なに</small>に役立<small>やくだ</small>ちますか。

→ _____

4 筆者<small>ひっしゃ</small>が住<small>す</small>んでいる左隣<small>ひだりどなり</small>には誰<small>だれ</small>が住<small>す</small>んでいますか。

→ _____

5 筆者<small>ひっしゃ</small>が住<small>す</small>んでいる右隣<small>みぎどなり</small>には誰<small>だれ</small>が住<small>す</small>んでいますか。

→ _____

📖 낱말과 표현

街中<small>まちなか</small> 시내, 시가지, 번화가 | 小売商店<small>こうりしょうてん</small> 소매상점 | 向<small>む</small>かい側<small>がわ</small> 맞은 편 | お付<small>つ</small>き合<small>あ</small>いする 교제하다 | 洗剤<small>せんざい</small> 세제 |
気<small>き</small>を使<small>つか</small>う 마음을 쓰다 | 音<small>おと</small>が響<small>ひび</small>く 소리가 울리다 | 物音<small>ものおと</small>がする 소리가 나다 | 役立<small>やくだ</small>つ 도움이 되다 | 筆者<small>ひっしゃ</small> 필자

01 ～せる / させる   ～시키다 (동사의 사역형)

「～せる / させる」는 윗사람이 아랫사람에게 어떤 행위를 지시 · 명령 · 강요할 때 쓰는 사역 표현이다. 동사의 ない형에 1그룹 동사는 「せる」를, 2 · 3그룹 동사는 「させる」를 붙여 만든다. 단, 「する」의 사역형은 「させる」가 된다.

あまり相手に気を使わせない。 (使う → 使わせる)

お母さんは子供に人参を食べさせました。 (食べる → 食べさせる)

先生は学生にレポートを提出させました。 (提出する → 提出させる)

彼をここに来させよう。 (来る → 来させる)

02 ～ようだ   ～인 것 같다

「～ようだ」는 명사 수식형(연체형)에 접속하는 조동사로 '예시', '비유', '불확실한 단정 (추측)'의 용법으로 쓰인다.

あまり相手に気を使わせないような手軽なものを持っていくのが適当だという。〔예시〕

彼女は死んだように眠り続けた。〔비유〕

吉田さんは今日は来ないようだ。〔불확실한 단정(추측)〕

낱말과 표현

人参 당근 | 提出する 제출하다 | 眠り続ける 계속 잠자다

03 〜たばかりだ　막 〜했다

동작이 완료된 직후나 바로 직후가 아니더라도 말하는 사람이 심리적으로 동작의 종료가 시간상 오래되지 않았다고 생각할 때 사용한다. 우리말로는 '막 〜했다, 〜한 지 얼마 안 됐다'라는 뜻을 나타낸다.

右隣には、今年の春、就職したばかりの独身のOLが住んでいる。
〔심리적〕

私はここにちょうど着いたばかりです。〔시간적〕

私は今、家へ帰ってきたばかりです。〔시간적〕

04 1그룹 동사의 가능형 「eる」

1그룹 동사의 가능형은 어미를 「え」단으로 바꾼 다음, 뒤에 「る」를 붙여 만든다. 한편, 1그룹 동사를 가능형으로 만들 때는 동사 ない형에 「れる」를 붙이는 방법도 있으나, 이것은 주로 문어적인 표현에 쓰인다.

昼間はみんな忙しくてなかなか会えない。（会う → 会える）

私の子供はまだ話せません。（話す → 話せる）

あなたは10キロ走れますか。（走る → 走れる）

낱말과 표현

ちょうど 방금, 바로, 막 | 着く 도착하다 | 昼間 주간, 낮 | キロ 킬로미터

1 다음 밑줄 친 단어 중 한자는 히라가나로, 가타카나는 한자로 고쳐 쓰세요.

1 街中にある小売商店など。   (   )

2 あまり相手に気を使わせないような手軽なものを持っていく。

                                            (   )

3 タショウ物音がしてもトラブルが起こらない。   (   )

4 引っ越した先で隣りキンジョに挨拶回りをする。   (   )

2 다음 동사를 (1)~(6)까지는 가능형으로, (7)~(12)까지는 사역형으로 바꾸어 쓰세요.

동사 기본형	가능형	동사 기본형	사역형
1 歩く		7 行く	
2 遊ぶ		8 怒る	
3 立つ		9 通じる	
4 作る		10 認める	
5 飲む		11 来る	
6 切る		12 提出する	

낱말과 표현

怒る 화내다 │ 通じる 통하다 │ 認める 인정하다

64

3 다음「ようだ」의 용법을 〈보기〉에서 골라 쓰세요.

> **보기**   예시   비유   불확실한 단정(추측)

① 鈴木_{すず き}さんはゆうべ家_{いえ}に帰_{かえ}らなかったようだ。   (   )

② あの人_{ひと}はまるで先生_{せんせい}のようですね。   (   )

③ 台風_{たいふう}が来_きているようですよ。   (   )

④ 調査_{ちょう さ}の結果_{けっ か}をグラフにすると、次_{つぎ}のようになる。   (   )

4 다음 ( ) 안의 동사를 알맞은 형태로 바꾸어 빈칸에 써 넣으세요.

① さっき＿＿＿＿＿ばかりだから、今_{いま}はお腹_{なか}いっぱいです。（食_たべる）

② 2歳_{さい}の息子_{むす こ}が＿＿＿＿＿ばかりの子犬_{こ いぬ}をいじめます。（来_くる）

③ 私_{わたし}はここにちょうど＿＿＿＿＿ばかりです。（着_つく）

④ たった今_{いま}その事故_{じ こ}を＿＿＿＿＿ばかりだ。（見_みる）

낱말과 표현

> まるで 마치 ｜ 台風_{たいふう} 태풍 ｜ 調査_{ちょう さ} 조사 ｜ 結果_{けっ か} 결과 ｜ グラフ 그래프 ｜ ～にする ～로 하다 ｜ 次_{つぎ} 다음 ｜
>
> 子犬_{こ いぬ} 강아지 ｜ いじめる 괴롭히다 ｜ たった今_{いま} 이제 막, 방금 ｜ 事故_{じ こ} 사고

次の文章を読んで、後の問いに対する答えとして、最もよいものを1・2・3・4から一つ選びなさい。

　　昔は引っ越し先で隣近所に挨拶をするのが当たり前でしたが、最近は大都市圏などを中心に、あまり積極的に行われなくなってきました。特に、都市部の一人暮らしの場合は、引っ越しの挨拶をする割合がかなり低くなっているようです。

　　そのため、隣に誰かが引っ越してきてもほとんど顔を合わせることもなく、たまに顔を合わせることがあっても、挨拶をしないといったことは珍しくありません。挨拶したり、されたりすることを煩わしく感じる人も少なくないため、引っ越し先で隣近所に挨拶するかどうかを迷うことも多くなっています。

本文の内容に合っているのはどれか。

1　都会では、二人暮らしが多くなった。

2　最近、都市部では近所挨拶をするかどうかを迷うことも多くなっている。

3　大都市を中心に近所挨拶が積極的に行われる。

4　隣に住んでいる人と親しくなった。

 낱말과 표현

引っ越し 이사 | 隣近所 근처, 이웃 | 当たり前だ 당연하다 | 大都市圏 대도시권 | 積極的 적극적 |
一人暮らし 독신생활, 혼자 삶 | 割合 비율 | かなり 꽤, 상당히 | 珍しい 드물다, 이상하다 |
煩わしい 번거롭다, 귀찮다 | 迷う 망설이다, 헤매다

일상 관용어구

一期一会
いち ご いち え

(다도에서) 일생에 한 번뿐인 만남, 소중한 인연

 **어원 유래**

손님을 다과회(茶話会)에 초대하여 접대의 마음가짐에서 나온 말인 「一期一会」는 차를 대접하는
마음가짐을 표현한 것인데, 센노리큐의 제자 야마노우에 소지가 『山上宗二記』에서 주장한 말로 그
속에는 「一期に一度の会」라고 나타나 있다. 일생 단 한 번밖에 없는 기회로 차를 대접할 때는 그런
마음가짐으로 최선을 다해야 한다는 뜻을 담고 있는 표현이다. 즉, 그 말은 사람이 만나는 이 순간이 일
생에 두 번 다시 되풀이되는 일이 없기 때문에 사람을 만날 때에는 차를 접대하는 마음으로 그 순간(만
남)에 최선을 다해야 한다는 말이다.

예 これも一期一会ですね。今日こうして知り合えたことを幸せに思います。

이것도 소중한 인연이네요. 오늘 이렇게 알게 된 것을 행복으로 여기겠습니다.

このたびの一期一会の機会を大事に、楽しい時間を過ごしましょう。

이번의 소중한 인연을 기회로, 소중하고 즐거운 시간을 보냅시다.

6과

わたし　　す　　まち
私が住む町 내가 사는 동네

 위밍업 Warming-up

まち
1. 「町」하면 무엇이 연상되나요?

まち
2. 여러분이 알고 있는 일본의 「町」에 대해 말해봅시다.

핵심 표현 key Expression

けっきょく　わたし　す　　　　　　　　　ちい　まち
❶ 結局、私が住むことになった小さな町。

わたし　まち　　　　　　　　　ところ　き　　　　　　　　　　　　　こま
❷ 私の町についていい所を聞かれると、たくさんあって困る。

ちい　まち　　　　　　　じゅうじつ　　ちょうりつ　と　しょかん
❸ 小さい町のわりに、充実した町立図書館がある。

ひつよう　ほん　　　　　　　よ
❹ 必要な本がいつでも読めるようになっている。

68

- **町**<ruby>まち</ruby> 집이 많이 모여 있는 구획, 시·구를 구성하는 작은 구획

- **結局**<ruby>けっきょく</ruby> 결국

- **急行**<ruby>きゅうこう</ruby> 급행

- **不便**<ruby>ふべん</ruby> 불편

- **家賃**<ruby>やちん</ruby> 집세

- **しかも** 게다가, 더구나

- **治安**<ruby>ちあん</ruby> 치안

- **安全だ**<ruby>あんぜん</ruby> 안전하다

- **普通**<ruby>ふつう</ruby> 보통

- **空間的**<ruby>くうかんてき</ruby> 공간적

- **距離**<ruby>きょり</ruby> 거리

- **認識**<ruby>にんしき</ruby> 인식

- **都心**<ruby>としん</ruby> 도심

- **帰宅**<ruby>きたく</ruby> 귀가

- **大幅**<ruby>おおはば</ruby> 큰 폭

- **乗り換え**<ruby>のか</ruby> 환승

- **わりに** 비교적, ~에 비해

- **充実**<ruby>じゅうじつ</ruby> 충실

- **専門書**<ruby>せんもんしょ</ruby> 전문서적

- **いつでも** 늘, 언제나

- **グラウンド** 그라운드, 운동장

- **開放**<ruby>かいほう</ruby> 개방

- **ジョギングコース** 조깅 코스

- **魅力的**<ruby>みりょくてき</ruby> 매력적

- **ずっと** 쭉, 계속

◉ 이 과에서 배우게 될 내용이 무엇인지 <u>스스로</u> 읽어봅시다.

私が住む町

　結局、私が住むことになったのは、大学まで1時間ほどかかる埼玉の小さな町である。町の駅は、電車も急行が止まらない小さい駅で、ちょっと不便だが、家賃が安くて、しかも治安がよくて夜一人で歩いても安全なので、そこに決めることにした。

05　普通、「大学からお宅までどのくらいですか」という問いは、たいてい時間を聞いているものと思う。では、空間的な距離と時間的な距離というように認識すると、どうであろうか。そうなると、私のほうが東京都心に住んでいる人よりも、帰宅時間が早くなることもあるし、逆に大幅に遅くなることもあるのである。

　つまり、私の場合、大学へ行くためには、急行が止まる次の大きな駅から急行に
10　乗り換えて行かなければならない。それほど便利とは言えない。しかし、いい点もある。

　私の町についていい所を聞かれると、たくさんあって困るが、その一つは小さい町のわりに、充実した町立図書館があることである。専門書はあまりないが、住民の暮らしに必要な本がいつでも読めるようになっている。さらに、もう一つ、町の
15　グラウンドがいつも開放されていて、住民のジョギングコースとなっていることである。魅力的なこの町に私はずっと暮らしたいと思う。

1 본문을 읽고 기억에 남는 단어를 아래에 3개 이상 써 보세요.

→ _____

2 글쓴이가 현재 살고 있는 「町」에 대한 정보입니다. 틀린 것을 고르세요.

1 학교까지는 1시간 정도 걸린다.

2 집에서 가장 가까운 전철역에 급행이 멈추지 않는다.

3 운동장을 개방하지 않기 때문에 조깅 코스는 없다.

4 집세가 싸고, 치안이 좋아서 안전한 곳이다.

3 글쓴이가 현재 살고 있는 「町」에 대해 자랑스럽게 여기는 점을 고르세요.

1 도쿄에 살고 있는 사람보다 귀가시간이 빠르다.

2 조깅 코스로 이용되는 공원이 있다.

3 주민에게 언제나 개방되는 운동장이 있다.

4 크고 전문서적이 많은 도서관이 있다.

핵심 포인트

주인공이 현재 살고 있는 동네의 교통편은 어떠한지, 또 주인공이 자신의 동네에 대해 자랑거리로
생각하는 점은 무엇인지 등의 정보를 파악해 보면 쉽게 본문 내용을 이해할 수 있다.

◉ 다시 한 번 천천히 읽어 보면서 전체 내용을 정확히 이해해 봅시다.　　　　Track 06

私が住む町

　結局、私が住むことになったのは、大学まで1時間ほどかかる埼玉の小さな町である。町の駅は、電車も急行が止まらない小さい駅で、ちょっと不便だが、家賃が安くて、しかも治安がよくて夜一人で歩いても安全なので、そこに決めることにした。

05　普通、「大学からお宅までどのくらいですか」という問いは、たいてい時間を聞いているものと思う。では、空間的な距離と時間的な距離というように認識すると、どうであろうか。そうなると、私のほうが東京都心に住んでいる人よりも、帰宅時間が早くなることもあるし、逆に大幅に遅くなることもあるのである。

　つまり、私の場合、大学へ行くためには、急行が止まる次の大きな駅から急行に
10　乗り換えて行かなければならない。それほど便利とは言えない。しかし、いい点もある。

　私の町についていい所を聞かれると、たくさんあって困るが、その一つは小さい町のわりに、充実した町立図書館があることである。専門書はあまりないが、住民の暮らしに必要な本がいつでも読めるようになっている。さらに、もう一つ、町の
15　グラウンドがいつも開放されていて、住民のジョギングコースとなっていることである。魅力的なこの町に私はずっと暮らしたいと思う。

◉ 다음 본문의 내용에 대한 질문에 답해 보세요.

1　筆者が住むことになった町はどこですか。

　→ _____

2　家から学校まではどれくらいかかりますか。

　→ _____

3　町の駅にはどんな電車が止まりませんか。

　→ _____

4　筆者が現在の町に住むことに決めた理由は何ですか。

　→ _____

5　町でいつも開放されているのは何ですか。

　→ _____

 낱말과 표현

急行 급행 ｜ 帰宅 귀가 ｜ 大幅 큰 폭 ｜ 乗り換え 환승 ｜ 充実 충실 ｜ 開放 개방 ｜ 魅力的 매력적 ｜ 現在 현재

01 〜ことになる　〜하게 되다

기정사실과 형편, 도리 등으로부터 필연적으로 어떤 결론이 도출되는 것을 나타내거나
자연의 추이에 따라서 어떠한 사태가 발생한 것을 나타낸다. 우리말로는 '〜하게 되다'
의 뜻으로 쓰인다.

結局、私が住むことになった小さな町。

来月ごろ帰国することになる。

ある日、突然スイスで暮らすことになりました。

02 〜について　〜에 대해서

동작이나 상태 등이 다루고 있거나 관계를 갖고 있는 대상을 지시하는 기능을 나타내는
표현으로, '〜에 관해서, 〜에 대해서'라는 뜻으로 쓰인다. 주로 명사에 접속되며, 뒤에
「は」,「も」,「の」 등의 조사가 붙어 사용되기도 한다.

私の町についていい所を聞かれると、たくさんあって困る。

それについては何もわかりません。

今後の予定についても聞いてみた。

📖 **낱말과 표현**

帰国 귀국 | 突然 돌연, 갑자기 | スイス 스위스 | 今後 금후, 앞으로 | 予定 예정

03 〜わりに(は)   〜에 비해서(는)

「〜」부분을 기준으로 평가나 판단을 하며, 그 기준과 실제의 다른 모습을 객관적으로 진술한 표현이다. '〜(한 것) 치고는, 〜에 비해서는, 〜한 반면'이라는 뜻으로, 동사나 い형용사는 보통체형, 명사와 な형용사는 명사 수식형에 연결된다.

小さい町の**わりに**、充実した町立図書館がある。

彼女は慎重な**わりには**、よく忘れ物をする。

うちの会社は、仕事がきつい**わりには**、給料が安いと思う。

たくさん売れた**わりには**、儲けが少なかった。

04 〜ようになる   〜하게 되다

우리말의 '〜하게 되다'라는 뜻으로, 「〜」부분에 가능 동사나 동작 동사가 온다. 가능 동사가 올 경우에는 '전에 할 수 없었던 것을 지금은 할 수 있다'라는 뜻으로 쓰이고, 동작 동사가 올 경우에는 '동작이 반복 · 정착 · 습관화되다'라는 뜻으로 쓰인다.

住民の暮らしに必要な本がいつでも読める**ようになっている**。

料理ができる**ようになりました**。

この頃、早く目が覚める**ようになりました**。

📖 낱말과 표현

慎重だ 신중하다 | 忘れ物 물건을 깜박 잊고 옴 | きつい 고되다 | 売れる 팔리다 | 儲け 벌이, 이익 |
目が覚める 눈 뜨다, 잠을 깨다

1   다음 밑줄 친 단어 중 한자는 히라가나로, 가타카나는 한자로 고쳐 쓰세요.

　　　1 時間的な距離というように認識する。　　　　　　（　　　　　）

　　　2 逆に大幅に遅くなることもあるのである。　　　　（　　　　　）

　　　3 電車もキュウコウが止まらない小さい駅である。　（　　　　　）

　　　4 それほどベンリとは言えない。　　　　　　　　　（　　　　　）

2   다음 (　　　) 안에 들어갈 알맞은 표현을 〈보기〉에서 골라 문장을 완성하세요.

　　　┌─────────────────────────────────────┐
　　　│ 보기   勉強する　　暮らす　　食べられる　　会う │
　　　└─────────────────────────────────────┘

　　　1 ある日、突然スイスで(　　　　　　　　)ことになりました。

　　　2 今日3時に田中さんと新宿で(　　　　　　　　)ことになっている。

　　　3 彼もやっとまじめに(　　　　　　　　)ようになりました。

　　　4 納豆が(　　　　　　　　)ようになる。

 낱말과 표현

　┌┄┄┄┄┄┄┄┄┄┄┄┄┄┄┄┄┄┄┄┄┄┄┄┄┄┄┄┄┄┄┄┄┄┄┄┄┄┄┐
　┆ 新宿 신주쿠 │ やっと 겨우, 가까스로 │ まじめだ 성실하다 ┆
　└┄┄┄┄┄┄┄┄┄┄┄┄┄┄┄┄┄┄┄┄┄┄┄┄┄┄┄┄┄┄┄┄┄┄┄┄┄┄┘

3 다음 「わりに(は)」를 사용하여 〈보기〉와 같이 문장을 바꾸어 쓰세요.

> **[보기]** 彼のお母さんは年だ / 若く見える
>
> → 彼のお母さんは年のわりには若く見える。

① 彼は慎重だ / よく忘れ物をする

→ _____。

② 熱心に勉強した / あまり成績がよくなかった

→ _____。

③ この冷蔵庫は値段が高い / 性能がよくない

→ _____。

4 다음 ( ) 안에 들어갈 알맞은 말을 〈보기〉에서 골라 문장을 완성하세요.

> **[보기]**　について　　についての　　についても　　については

① 氏名(　　　　　　　　)、アルファベット表記を原則としています。

② また、ラテンアメリカを通じて、日本社会(　　　　　)改めて考えます。

③ この映画は、子供を探す女性(　　　　　)ドラマだ。

④ 彼女は今度の事件(　　　　　　　)何も知らない。

📖 **낱말과 표현**

熱心に 열심히 | 成績 성적 | 性能 성능 | 氏名 성명 | アルファベット表記 알파벳 표기 | 原則 원칙 |

〜とする 〜로 하다 | 〜を通じて 〜을 통해서 | 改めて 다시, 새삼 | 事件 사건

次の文章を読んで、後の問いに対する答えとして、最もよいものを1・2・3・4から一つ選びなさい。

東日本を中心に行われる願掛けのダルマについて説明すると、まず神社で買った目のないダルマに、片目を入れたあと、願い事をします。願いが叶ったら、もう一方の目を書きます。ダルマの効果は約1年間と言われ、1年後、ダルマをまた神社に返します。そして、新しく願い事をする場合は、前よりもっと大きいダルマを買うことになります。

ダルマは、倒してもすぐ起き上がるので、「七転び八起き」に代表される不屈の精神を表す縁起物として飾られます。面白い姿のわりに、意味が深いダルマ。外国人のプレゼントとしても人気だそうです。

ダルマについての説明と関係ないものはどれか。

1　ダルマの効果は約2年間と言われる。

2　何度倒れても起き上がる不屈の精神を表す。

3　外国人のプレゼントとしても好まれる。

4　ダルマの効果は約1年間続く。

 낱말과 표현

願掛け 소원을 빎 | 神社 신사 | 片目 한쪽 눈 | 叶う 이루어지다 | 返す 돌려주다 | 起き上がる 일어나다 |
七転び八起き 칠전팔기 | 不屈 불굴 | 表す 나타내다 | 縁起物 길조를 비는 물건 | 好む 좋아하다

78

일상 관용어구

河童の川流れ
갓파도 물에 빠진다

👆 어원 유래

「河童」는 일본 각지의 강, 호수, 바다 등에 사는 요괴의 일종으로, 서너 살 정도의 어린이 크기이며, 이름대로 강(河)에 사는 요괴지만, 물과 뭍에 번갈아 가며 산다. 외관은 대부분의 작품에서 녹색 인간형 몸에 머리카락이 중앙만 탈모되어 있고, 새의 부리에 거북이의 등껍질, 손가락은 세 개로 물갈퀴를 가진 것으로 묘사된다. 먹을 것으로는 오이를 좋아한다고 해서 김과 밥, 오이만으로 만든 오이초밥을 갓파마키(カッパ巻き)라고 부르며, 밭의 오이가 사라지면 갓파의 짓이라고 한다. 머리가 대머리이며, 깊은 홈이 파여 있고 거기에 물이 차 있어서 그 물이 쏟아지면 힘을 잃거나 죽는다고 한다. 우리 속담 "원숭이도 나무에서 떨어진다"와 유사하다고 볼 수 있다.

> 例 あの著名な先生がこんな誤字を書くなんて、河童の川流れというのは本当にあるもんだね。
>
> 저런 저명한 선생님이 이런 오자를 쓰다니, 원숭이도 나무에서 떨어질 때가 있다더니 진짜로 있는가 보네.
>
> 河童の川流れで、舞台でセリフを忘れることがないようにしてください。
>
> 원숭이도 나무에서 떨어질 때가 있으니까, 무대에서 대사를 잊어버리는 일이 없도록 해 주세요.

に ほんじん しょくせいかつ
日本人の食生活 일본인의 식생활

 위밍업 Warming-up

1. 일본의「食^たべ物^{もの}」하면 무엇이 떠오르나요?

2. 여러분들은 일본의「食^たべ物^{もの}」중에서 무엇을 좋아하나요?

핵심 표현 key Expression

① 最近^{さいきん}は、パン食^{しょく}が多^{おお}くなってきている。

② パンで簡単^{かんたん}に済^すませたいというのが理由^{りゆう}らしい。

③ 家族揃^{かぞくそろ}って団欒^{だんらん}しながら、たいていは煮魚^{にざかな}や焼魚^{やきざかな}を食^たべる。

④ 納豆^{なっとう}や豆腐^{とうふ}もいろいろな料理^{りょうり}として登場^{とうじょう}する。

단어 노트

- 朝食 ^{ちょうしょく} 조식
- 味噌汁 ^{みそしる} 된장국
- 干物 ^{ひもの} 건어물, 포
- 納豆 ^{なっとう} 낫토
- 卵焼き ^{たまごや} 달걀부침
- 海苔 ^{のり} 김
- 漬け物 ^{つもの} 절인 야채
- 加える ^{くわ} 더하다, 가하다
- 済ませる ^す 끝내다, 해결하다
- 昼食 ^{ちゅうしょく} 점심 식사, 중식
- 職場 ^{しょくば} 직장
- 夕食 ^{ゆうしょく} 저녁 식사, 석식
- 揃う ^{そろ} 갖추어지다, 모이다
- 団欒 ^{だんらん} 단란
- 煮魚 ^{にざかな} 조린 생선

- 焼魚 ^{やきざかな} 생선구이
- すき焼き ^や 스키야키
- 歓迎 ^{かんげい} 환영
- 海産物 ^{かいさんぶつ} 해산물
- 野菜 ^{やさい} 야채
- 揚げる ^あ 튀기다
- 好む ^{この} 좋아하다, 즐기다
- 豆腐 ^{とうふ} 두부
- 登場 ^{とうじょう} 등장
- うな重 ^{じゅう} 장어구이 도시락
- 来客 ^{らいきゃく} 내객, 방문객
- 専門店 ^{せんもんてん} 전문점
- 取り寄せる ^{とよ} 가져오게 하다
- 出前 ^{でまえ} 주문한 요리를 배달하는 일, 또는 그 요리
- 大好物 ^{だいこうぶつ} 아주 좋아하는 음식

◉ 이 과에서 배우게 될 내용이 무엇인지 <u>스스로</u> 읽어봅시다.

日本人の食生活

日本人の朝食は、白いご飯と味噌汁、日によっては魚の干物、納豆、卵焼き、海苔に、漬け物を加えた食事が多い。しかし、最近は、パン食が多くなってきている。時間のない朝は、パンで簡単に済ませたいというのが理由らしい。

昼食の場合、普通のサラリーマンは、職場の食堂や近くのレストランで済ませる
05 人が多いようである。また、家からお弁当を持ってきて食べる人もいる。

日本人の食事は、やはり夕食である。家族揃って団欒しながら、たいていは煮魚や焼魚を食べる。また、子供のいる家では、すき焼きなどが歓迎される。天ぷらのときは、海産物や野菜を揚げて食べるのが好まれるらしい。その他、納豆や豆腐もいろいろな料理として登場する。

10 日本食としてよく知られるお寿司やうな重は、外食として食べることが多いが、来客のときは、専門店から取り寄せて家で食べることもあり、それを「出前」という。日本人の大好物であるお寿司やうな重は、家で作るのはとても大変なため、出前の人気メニューとなっている。

1 본문을 읽고 기억에 남는 단어를 아래에 3개 이상 써 보세요.

→ _____

2 일본인들이 외식으로 주로 많이 먹는 음식은 무엇인지 본문에서 찾아 고르세요.

1 튀김, 두부

2 생선 초밥, 장어구이 도시락

3 조린 생선, 생선구이

4 스키야키, 해산물

3 다음은 일본인들의 아침 식사에 관한 설명입니다. 본문과 맞는 것을 고르세요.

1 아침에는 주로 흰밥에 된장국, 생선, 달걀부침, 낫토 등을 먹는다.

2 아침에는 거의 절인 야채는 먹지 않는다.

3 최근에는 빵을 먹는 가정이 줄고 있다.

4 아침에는 주로 스키야키를 먹는다.

핵심 포인트

일본인들이 아침에 주로 먹는 음식과 샐러리맨들의 점심 해결 방법, 저녁식사로 환영받는 메뉴, 외식으로는 주로 어떤 것을 먹는지 등의 정보를 파악해 두면 쉽게 이해할 수 있다.

● 다시 한 번 천천히 읽어 보면서 전체 내용을 정확히 이해해 봅시다.

Track 07

日本人の食生活

日本人の朝食は、白いご飯と味噌汁、日によっては魚の干物、納豆、卵焼き、海苔に、漬け物を加えた食事が多い。しかし、最近は、パン食が多くなってきている。時間のない朝は、パンで簡単に済ませたいというのが理由らしい。

昼食の場合、普通のサラリーマンは、職場の食堂や近くのレストランで済ませる
05 人が多いようである。また、家からお弁当を持ってきて食べる人もいる。

日本人の食事は、やはり夕食である。家族揃って団欒しながら、たいていは煮魚や焼魚を食べる。また、子供のいる家では、すき焼きなどが歓迎される。天ぷらのときは、海産物や野菜を揚げて食べるのが好まれるらしい。その他、納豆や豆腐もいろいろな料理として登場する。

10 日本食としてよく知られるお寿司やうな重は、外食として食べることが多いが、来客のときは、専門店から取り寄せて家で食べることもあり、それを「出前」という。日本人の大好物であるお寿司やうな重は、家で作るのはとても大変なため、出前の人気メニューとなっている。

◉ 다음 본문의 내용에 대한 질문에 답해 보세요.

① 日本人は朝食に、だいたい何を食べますか。

→ _____

② 最近は、朝食でご飯より何が多くなりましたか。

→ _____

③ サラリーマンはお昼をどこで食べることが多いですか。

→ _____

④ 日本人は夕食に何を食べますか。

→ _____

⑤ 日本人が出前として食べることが多いのは何ですか。

→ _____

낱말과 표현

味噌汁 된장국 | 卵焼き 달걀부침 | 漬け物 절인 야채 | 煮魚 조린 생선 | うな重 장어구이 도시락 |

取り寄せる 가져오게 하다 | 大好物 아주 좋아하는 음식

01 ~てくる / ~ていく   ~해 오다 / ~해 가다

「~てくる」는 '~해 오다(~어지다)'라는 뜻으로, 과거에서 현재를 향한 변화가 점진적으로 진행되고 있음을 나타낸다. 또한, 「~ていく」는 '~해 가다'라는 뜻으로 현재에서 미래를 향한 변화가 점진적으로 진행되고 있음을 나타낸다. 둘 다 동사의 て형에 접속된다.

最近
さいきん
は、パン食
しょく
が多
おお
くなってきている。

この伝統
でんとう
は6百年
ひゃくねん
も続
つづ
いてきたのです。

これからどんどん寒
さむ
くなっていきますね。

02 ~らしい   ~인 것 같다

「~らしい」에는 '외부로부터의 정보 등에 의해 판단하여, 아무래도 ~인 것 같다'라는 추측 표현과 주로 명사에 붙어 '겉모양이나 상태가 ~에 어울린다(~답다)'라는 접미어로서의 용법이 있다. 동사와 い형용사의 보통형, な형용사의 어간, 명사에 접속된다.

パンで簡単
かんたん
に済
す
ませたいというのが理由
りゆう
らしい。〔추측〕

花子
はなこ
は音楽
おんがく
が好
す
きらしい。〔추측〕

花子
はなこ
と太郎
たろう
は別
わか
れちゃったらしいよ。〔추측〕

彼
かれ
は社交的
しゃこうてき
でいかにも外交官
がいこうかん
らしい。〔접미어〕

낱말과 표현

伝統
でんとう
전통 | どんどん 자꾸, 계속 | 別
わか
れる 헤어지다 | 社交的
しゃこうてき
사교적 | いかにも 아무리 봐도 | 外交官
がいこうかん
외교관

03 ~ながら ~하면서

「~ながら」는 접속조사로 두 개의 동작이 동시에 일어나는 '병립관계'와 두 개의 동작이 반대로 이루어지거나 일치하지 않는 '역접관계'를 나타낸다. '~이면서, ~하면서'의 뜻으로 쓰이며, 동사 ます형, 형용사 종지형(기본형), な형용사 어간, 명사에 접속된다.

家族揃って団欒しながら、たいていは煮魚や焼魚を食べる。〔병립〕

コーヒーを飲みながら新聞を読んでいます。〔병립〕

子供ながら、よく手伝ってくれる。〔역접〕

まだ年が若いながら、することは大人なみだ。〔역접〕

04 ~として ~(으)로서

일반적으로 자격·입장·명목·부류를 나타내며, 접속되는 말에 어떤 의미나 가치를 부여하는 표현이다. '~으로서'의 뜻으로 쓰이며, 명사에 접속된다. 「~として」 뒤에 조사 「の」, 「は」, 「も」를 붙여서 쓰기도 한다.

その他、納豆や豆腐もいろいろな料理として登場する。

100ドルあれば旅行の費用としては十分だろう。

それは私としても困る。

낱말과 표현

年が若い 나이가 젊다 | ~なみだ ~와 같다, ~보다 못지 않다 | 費用 비용 | 十分だ 충분하다

1   다음 밑줄 친 단어 중 한자는 히라가나로, 가타카나는 한자로 고쳐 쓰세요.

　❶ 納豆や豆腐もいろいろな料理として登場する。　　（　　　　　　　　）

　❷ 職場の食堂や近くのレストランで済ませる人が多いようである。

　　　　　　　　　　　　　　　　　　　　　　　（　　　　　　　　）

　❸ 子供のいる家では、すき焼きなどがカンゲイされる。

　　　　　　　　　　　　　　　　　　　　　　　（　　　　　　　　）

　❹ 日本人のダイコウブツであるお寿司やうな重。　（　　　　　　　　）

2   다음 (　　) 안의 동사를 알맞은 형태로 바꾸어 빈칸에 써 넣으세요.

　❶ 今晩、＿＿＿＿＿＿＿＿ながらちょっと話をしませんか。（飲む）

　❷ 山田さんはテレビを＿＿＿＿＿＿＿＿ながら食事をしています。（見る）

　❸ 男の人がすごい勢いで＿＿＿＿＿＿＿＿ていきます。（走る）

　❹ お弁当を＿＿＿＿＿＿＿＿てきます。（買う）

 낱말과 표현

今晩 오늘밤 │ 勢い 기세, 힘 │ 走る 달리다

88

3　다음 문장 중에서 「らしい」가 접미어로 쓰인 것을 골라 〇표 하세요.

□ (　　) a. あなた、男らしいわね。

　　(　　) b. あの人、髪は長いけど、どうも男らしいですよ。

▢ (　　) a. あの人がキムさんのお姉さんらしい。

　　(　　) b. あなたもお姉さんらしくなったわね。

▣ (　　) a. 向こうから来るのは、軍人らしい。

　　(　　) b. 彼の態度は軍人らしくない。

4　다음 (　　) 안에 들어갈 알맞은 말을 〈보기〉에서 골라 문장을 완성하세요.

> 　として　　としての　　としても　　としては

□ 友だち(　　　　　　)忠告する。

▢ 医者(　　　　　　)まだひよこだ。

▣ 就職は社会人(　　　　　　)出発点にすぎません。

▤ それは私(　　　　　　)困る。

 낱말과 표현

髪 머리(털) | どうも 아무래도 | 軍人 군인 | 態度 태도 | 忠告する 충고하다 | ひよこ 병아리, 애송이 |
出発点 출발점 | ～にすぎない ～에 지나지 않다

次の文章を読んで、後の問いに対する答えとして、最もよいものを1・2・3・4から一つ選びなさい。

私たち日本人の日常的な食生活は、時代の変化とともに大きく変わってきました。戦後の食糧難の時代には、人々はサツマイモや大麦を多く食べました。1950年代初頭には、お米は日本人の主食になりましたが、西洋の肉やパン、乳製品が、日本人の食生活に入ってきました。お米の消費量が減った一方で、現在の日本人は以前より多くの肉やパン、乳製品を消費しています。

1970年代には、洋食レストランやファーストフードが都市に住む日本人の食習慣をさらに変化させました。都市生活者のほとんどが朝食や昼食に洋食を食べるようになり、お米は夕食にしか食べなくなりました。

この文章で筆者が言いたいことは何か。

1 都市生活者のほとんどがお米は夕食しか食べなくなること

2 お米の消費量が減ったこと

3 日本人の食習慣の変化

4 西洋の主食であるパンや乳製品が入ってきたのは1950年代だということ

 낱말과 표현

| 戦後 전쟁 후 | 食糧難 식량난 | サツマイモ 고구마 | 大麦 보리 | 初頭 첫머리, 초기 | お米 쌀 |

| 主食 주식 | 乳製品 유제품 | 消費量 소비량 | 洋食 양식, 서양요리 | 食習慣 식습관 |

일상 관용어구

花^{はな}より団子^{だんご}

꽃보다 경단 (우리 속담의 금강산도 식후경과 같은 말)

👉 어원 유래

일본 속담에 「花^{はな}より団子^{だんご}」라는 말이 있는데, 번역하면 "꽃보다 경단"이라는 뜻이다. 즉, 볼거리도 좋지만 우선 먹을 것이 더 중요하다는 말이다. 우리 속담의 "금강산도 식후경"과 비슷한 속담이라 하겠다. 이 속담은 이젠 "꽃보다 남자"란 드라마로 인해 너무나 유명한 속담이 되었다. 그 속담에서 따온 약간의 말장난, 즉 언어유희성 제목이라고 하겠다. "꽃보다 남자"란 말이 일본어 속담 "하나요리 단고"의 발음과 똑같고 뒤에 「団子(단고)」라는 말을 「男子(남자)」라는 단어로 살짝 바꿔 말놀이를 한 패러디라고나 할까.

예 妹は、お花見に来ても、桜より料理に夢中だ。まるで花より団子だよ。

여동생은 꽃놀이를 가도 벚꽃보다 요리에 정신이 팔려 있다. 마치 금강산도 식후경이네.

花より団子で、表彰状よりも金一封でももらったほうがありがたかった。

금강산도 식후경이라고, 표창장보다도 금일봉이라도 받는 편이 고마웠다.

ゴミの出し方 _{쓰레기 버리는 방법}

 워밍업 Warming-up

1. 일본 가정에서는 「ゴミ」를 어떻게 버릴까요?

2. 일본 가정에서도 「ゴミ」 분리수거를 철저히 지킬까요?

핵심 표현 key Expression

❶ ゴミの種類をよく認識して、出さなければならないということである。

❷ 集合住宅においては、正しく理解できていないと、周囲に迷惑をかける。

❸ ゴミの取り扱い方について調べてみる。

❹ 代金を払って処理してもらったり、専門の業者が引き取ってくれることもある。

- 地方自治体 ちほうじちたい 지방자치단체
- 市町村 しちょうそん 일본의 행정 구획
- 県内 けんない 현내, 현의 행정 구역내
- 出し方 だしかた 버리는 방법
- 種類 しゅるい 종류
- 周囲 しゅうい 주위
- 迷惑をかける めいわく 폐를 끼치다
- 早朝 そうちょう 이른 아침(조조)
- 取り扱い方 とりあつかいかた 취급 방법
- 分別 ぶんべつ 분별(분리)
- 燃やせるゴミ も 타는 쓰레기
- 燃やせないゴミ も 타지 않는 쓰레기
- 資源ゴミ しげん 재활용 쓰레기
- 有害ゴミ ゆうがい 유해 쓰레기
- 生ゴミ なま 음식물 쓰레기
- 発泡スチロール はっぽう 스티로폼

- 再び ふたた 두 번, 재차, 다시
- 資源 しげん 자원
- 再利用 さいりよう 재사용
- 空きカン あ 빈 깡통
- 空きビン あ 빈 병
- ペットボトル 페트병
- 乾電池 かんでんち 건전지
- 蛍光灯 けいこうとう 형광등
- 布団 ふとん 이불
- 家具 かく 가구
- 粗大ゴミ そだい 대형 쓰레기(냉장고, 장롱 등)
- 予め あらかじ 미리, 사전에
- 申請 しんせい 신청
- 代金 だいきん 대금
- 処理 しょり 처리
- 引き取る ひとる 인수하다

● 이 과에서 배우게 될 내용이 무엇인지 <u>스스</u>로 읽어봅시다.

ゴミの出し方

　日本では、ゴミをどう出すか、いつ出すかは、地方自治体によって大きく違いがある。また、同じ県内でも、市町村によって出し方に違いがある。ここで何よりも大事なのは、ゴミの種類をよく認識して、出さなければならないということである。

05　集合住宅においては、正しく理解できていないと、周囲に迷惑をかけるので、よく確認しておくことが必要である。さらにゴミは、決められた日の早朝から午前8時までに、決められた場所に出すことも大事である。

　さらに、ゴミの取り扱い方について調べてみると、ゴミの分別は、大きく「燃やせるゴミ」と「燃やせないゴミ」と「資源ゴミ」、「有害ゴミ」に分けられる。「燃やせる

10　ゴミ」に入るのは、生ゴミやビニール、服、発泡スチロールなどがあり、ガラスやかさ、くつ、かばんなどは「燃やせないゴミ」に入る。また、「資源ゴミ」は、再び資源として再利用できる空きカンや空きビン、ペットボトルなどがある。乾電池や蛍光灯、ライターなどは「有害ゴミ」に入る。

　他にも、自転車や電子レンジ、布団、家具などの「粗大ゴミ」は、予め申請をし、代金を払って処理してもらったり、専門の業者が引き取ってくれることも

15　ある。

1   본문을 읽고 기억에 남는 단어를 아래에 3개 이상 써 보세요.

→ _____

2   일본에서는 쓰레기를 분리할 때 크게 몇 가지로 분리합니까?

   1 6가지

   2 5가지

   3 4가지

   4 3가지

3   일본에서는 쓰레기를 언제 버립니까?

   1 정해진 날 이른 아침부터 오전 8시까지

   2 매일 이른 아침부터 오전 8시까지

   3 정해진 곳에 언제든지

   4 정해진 날 이른 아침부터 오후 8시까지

   핵심 포인트

   일본에서는 쓰레기를 언제 어떻게 버리고, 특히 쓰레기를 버릴 때 주의할 점과 쓰레기 종류는 어떻
   게 나누어지는지 그 정보를 파악해 보면 쉽게 이해할 수 있다.

● 다시 한 번 천천히 읽어 보면서 전체 내용을 정확히 이해해 봅시다.　Track 08

ゴミの出し方

　日本では、ゴミをどう出すか、いつ出すかは、地方自治体によって大きく違いがある。また、同じ県内でも、市町村によって出し方に違いがある。ここで何よりも大事なのは、ゴミの種類をよく認識して、出さなければならないということである。

05　集合住宅においては、正しく理解できていないと、周囲に迷惑をかけるので、よく確認しておくことが必要である。さらにゴミは、決められた日の早朝から午前8時までに、決められた場所に出すことも大事である。

　さらに、ゴミの取り扱い方について調べてみると、ゴミの分別は、大きく「燃やせるゴミ」と「燃やせないゴミ」と「資源ゴミ」、「有害ゴミ」に分けられる。「燃やせる

10　ゴミ」に入るのは、生ゴミやビニール、服、発泡スチロールなどがあり、ガラスやかさ、くつ、かばんなどは「燃やせないゴミ」に入る。また、「資源ゴミ」は、再び資源として再利用できる空きカンや空きビン、ペットボトルなどがある。乾電池や蛍光灯、ライターなどは「有害ゴミ」に入る。

　他にも、自転車や電子レンジ、布団、家具などの「粗大ゴミ」は、予め申請をし、

15　代金を払って処理してもらったり、専門の業者が引き取ってくれることもある。

◉ 다음 본문의 내용에 대한 질문에 답해 보세요.

1 日本でゴミはどこに出^だしますか。

→ _____

2 「生^{なま}ゴミ」は、どういうゴミに分別^{ぶんべつ}されますか。

→ _____

3 「燃^もやせないゴミ」の種類^{しゅるい}にはどういうものがありますか。

→ _____

4 「資源^{しげん}ゴミ」の種類^{しゅるい}には、どういうものがありますか。

→ _____

5 自転車^{じてんしゃ}や電子^{でんし}レンジ、布団^{ふとん}、家具^{かぐ}などは、どういうゴミに分別されますか。

→ _____

6 「粗大^{そだい}ゴミ」の場合^{ばあい}は、どうすればいいですか。

→ _____

📖 낱말과 표현

迷惑^{めいわく}をかける 폐를 끼치다 | 取^とり扱^{あつか}い方^{かた} 취급 방법 | 分別^{ぶんべつ} 분별(분리) | 有害^{ゆうがい}ゴミ 유해 쓰레기 |

生^{なま}ゴミ 음식물 쓰레기 | 布団^{ふとん} 이불 | 粗大^{そだい}ゴミ 대형 쓰레기 | 引^ひき取^とる 인수하다

01 ～ということだ ～라고 한다

타인의 말을 전달할 때 쓰는 표현으로, 우리말로는 '～라고 한다'라는 뜻을 나타낸다. 기본적으로 보통형에 이어지지만, 명령형이나 추측형에 이어지기도 한다.

何_{なに}よりも大事_{だいじ}なのは、ゴミの種類_{しゅるい}をよく認識_{にんしき}して、出_ださなければならないということである。

彼女_{かのじょ}は去年_{きょねん}死亡_{しぼう}したということだ。

ニュースによると、今年_{ことし}の冬_{ふゆ}はあまり寒_{さむ}くならないということだ。

02 ～において ～에서, ～에 있어서

일이 행해지는 장소·장면·상황·때를 나타내며, 방면이나 분야에 관해서도 사용된다. 우리말로는 '～에서, ～에, ～에 있어서'의 뜻으로, 문어적 표현이기 때문에 일상회화에서는 그다지 사용되지 않는다. 명사에 접속되며, 뒤에 명사가 올 때는 「～における + 명사」의 형태가 된다.

集合住宅_{しゅうごうじゅうたく}においては、正_{ただ}しく理解_{りかい}できていないと、周囲_{しゅうい}に迷惑_{めいわく}をかける。

人生_{じんせい}において一番大切_{いちばんたいせつ}なことは何_{なん}ですか。

多_{おお}くの経営者_{けいえいしゃ}は、戦略_{せんりゃく}における実行_{じっこう}の重要性_{じゅうようせい}について強調_{きょうちょう}する。

낱말과 표현

死亡_{しぼう} 사망 | 経営者_{けいえいしゃ} 경영자 | 戦略_{せんりゃく} 전략 | 実行_{じっこう} 실행 | 重要性_{じゅうようせい} 중요성 | 強調_{きょうちょう}する 강조하다

03 ～てみる ～해 보다

무언가를 알기 위해서 시험 삼아 해보는 것을 나타내는 표현으로, 우리말로는 '～해 보다'라는 뜻으로 쓰인다. 「～」에는 주로 의지 동사가 오며, 동사의 て형에 접속된다.

ゴミの取り扱い方について調べてみると、ゴミの分別は、大きく「燃やせるゴミ」と「燃やせないゴミ」と「資源ゴミ」、「有害ゴミ」に分けられる。

久しぶりに眼鏡をかけてみました。

日曜日に一人で上野動物園に来てみた。

04 ～てもらう ～해 주다

기본적으로 타인한테 내(가족, 동료)가 이익이 되는 동작을 받을 때 사용하는 표현이다. 우리말로는 '～해 받다'의 뜻이지만, 어색한 해석이 되므로 주는 사람과 받는 사람의 위치를 바꾸어, '～해 주다'로 해석하는 편이 자연스럽다. 동사의 て형에 접속된다.

代金を払って処理してもらったり、専門の業者が引き取ってくれることもある。

娘は川上さんに日本語を教えてもらいました。

夫に玄関の掃除をしてもらった。

낱말과 표현

眼鏡をかける 안경을 쓰다 | 動物園 동물원 | 夫 남편 | 玄関 현관 | 掃除 청소

1 다음 밑줄 친 단어 중 한자는 히라가나로, 가타카나는 한자로 고쳐 쓰세요.

① ゴミの種類をよく認識して、出さなければならないということである。

（　　　　　　）

② 専門の業者が引き取ってくれることもある。　（　　　　　　）

③ 正しく理解できていないと、シュウイに迷惑をかける。

（　　　　　　）

④ 乾電池や蛍光灯、ライターなどは「ユウガイゴミ」に入る。

（　　　　　　）

2 다음 문장을 〈보기〉와 같이 바꾸어 써 보세요.

> 보기　事故の原因はまだわからないと聞きました。
>
> → 事故の原因はまだわからないということです。

① ニュースによると、今年の冬はあまり寒くならないと聞きました。

→ _____。

② 英語の試験は簡単だったと聞きました。

→ _____。

③ 9月から電気料金が上がると聞いた。

→ _____。

📖 낱말과 표현

原因 원인 ｜ 簡単だ 간단하다 ｜ 電気料金 전기요금 ｜ 上がる 오르다

3 다음 문장을 〈보기〉와 같이 바꾸어 써 보세요.

> 보기 恋人が私にスカーフを買ってくれました。
>
> → 私は恋人にスカーフを買ってもらいました。

1 先輩がレポートを手伝ってくれました。

→ _____。

2 娘は私に日本語を教えてくれました。

→ _____。

3 それは誰が送ってくれましたか。

→ _____。

4 다음 ( ) 안에 들어갈 알맞은 말을 〈보기〉에서 골라 문장을 완성하세요.

> 보기 において   における   てみる   てみた

1 ちょっと待ってね。電話で奥さんに聞い_____から。

2 このワインは、香り_____、あのワインに劣る。

3 多くの経営者は、戦略_____実行の重要性について強調する。

4 久しぶりに眼鏡をかけ_____。

スカーフ 스카프 | 手伝う 도와주다 | 奥さん 부인 | 香り 향기 | 劣る 못하다, 뒤떨어지다

次の文章を読んで、後の問いに対する答えとして、最もよいものを1・2・3・4から一つ選びなさい。

> 　私が住んでいる町は、猫やカラスからゴミを守るために、ゴミ出しにおける規則がとても厳しく決められている。例えば、ゴミを出す時間は朝6時から朝8時までと決められている。つまり、その時間を守れないと収集車が行ってしまい、ゴミ出しができないということだ。
>
> 　朝早くゴミを出しに行くと、近所のおばさんがゴミの出し方を細かくチェックしていたりしているので、あまりひどい格好ではゴミを出しに行くことができない。面倒でも髪を整えたり着替えたり最低限の身だしなみを整えてからゴミを出しに行く。

本文の内容と合っているものはどれか。

1　ゴミを出しに行くと、おばさんたちが細かくチェックしている。

2　朝は忙しいので、ゴミを出しに行かない。

3　ちょっと遅れてもゴミ収集車が待ってくれる。

4　ゴミを出す時間が朝7時から朝9時までと決まっている。

 낱말과 표현

カラス 까마귀 ｜ 規則 규칙 ｜ 収集車 청소차 ｜ 細かい 자세하다 ｜ チェック 체크 ｜ 格好 모습, 모양 ｜
面倒だ 귀찮다 ｜ 整える 단정히 하다 ｜ 着替える 갈아입다 ｜ 最低限 최저한 ｜ 身だしなみ 단정한 몸가짐, 차림새 ｜

일상 관용어구

見ざる聞かざる言わざる

보지 않고, 듣지 않고, 말하지 않는다

👆 어원 유래

사람이란 자신에게 있어 상황이 나쁘면 상대의 나쁜 점이나 결점을 보거나 듣거나 말하거나 하기 쉬우므로, 그렇게 하지 않는 편이 좋다고 하는 경계의 속담이다. 뒷 부분의 「ざる」와 「さる(원숭이)」에 빗대어 원숭이 세 마리가 눈을 가리고, 귀를 막고 입을 가린 그림 등으로 일본 도치기현(栃木県)에 있는 닛코도쇼구(日光東照宮)의 조각 표현은 유명하다.

〈日光東照宮의 三猿〉

💬 예
見ざる聞かざる言わざるで、あの人たちの井戸端会議に付き合うつもりはない。

보지도 않고 듣지도 않고 말하지도 않는다고 하니까, 저 사람들의 쑥덕공론에 동조할 생각은 없다.

人間関係で、一番上手な付き合いは見ざる聞かざる言わざるだ。

인간관계에서 가장 좋은 교제는 보지 않고 듣지 않고 말하지도 않는 것이다.

9과

日本の温泉 일본의 온천

워밍업 Warming-up

1. 여러분은 일본 온천을 체험해 보았나요?

2. 여러분이 알고 있는 일본의 유명한 온천을 말해 봅시다.

핵심 표현 key Expression

❶ 日本は、火山が多いだけに、温泉も多い。

❷ 実際はどのくらいかというと、40℃から60℃くらいのものが多い。

❸ 熱い所は90℃を超える所もあるそうだ。

❹ 水量の多い所といえば、草津温泉、別府温泉、伊東温泉が有名である。

- **温泉** おんせん 온천
- **火山** かざん 화산
- **地下水** ちかすい 지하수
- **地熱** ちねつ 지열
- **加熱** かねつ 가열
- **湧き出る** わきでる 솟아 나오다
- **基準** きじゅん 기준
- **超える** こえる 넘다, 초월하다
- **水量** すいりょう 수량
- **草津温泉** くさつおんせん 구사쓰온천
- **別府温泉** べっぷおんせん 벳부온천
- **伊東温泉** いとうおんせん 이토온천
- **日本書紀** にほんしょき 일본서기(일본 고대의 역사서)
- **風土記** ふどき 풍토기(일본 나라시대에 쓰여진 지리서)
- **文献** ぶんけん 문헌
- **出湯** いでゆ 온천

- **記録** きろく 기록
- **万葉集** まんようしゅう 만엽집(현존하는 일본에서 가장 오래된 가집(歌集))
- **出かける** でかける 외출하다, 나가다
- **かつて** 일찍이, 예전부터
- **療養** りょうよう 요양
- **行楽** こうらく 행락
- **予防** よぼう 예방
- **休養** きゅうよう 휴양
- **最低** さいてい 최저
- **一泊** いっぱく 1박
- **費用** ひよう 비용
- **負担** ふたん 부담
- **節約する** せつやく 절약하다
- **日帰り** ひがえり 당일치기
- **流行る** はやる 유행하다

● 이 과에서 배우게 될 내용이 무엇인지 스스로 읽어봅시다.

日本の温泉

　日本は、火山が多いだけに、温泉も多い。温泉は、地下水が地熱によって加熱されて湧き出てくるものである。温泉の基準は国によって違いがあるが、日本では25℃以上となっている。しかし、実際はどのくらいかというと、40℃から60℃くらいのものが多く、熱いところは90℃を超える所もあるそうだ。水量の多い所といえば、群馬県の草津温泉、大分県の別府温泉、静岡県の伊東温泉が有名である。

　日本人は、昔から温泉を楽しんできた。『日本書紀』、『風土記』などの古い文献にも、「湯」または「出湯」という記録があり、『万葉集』にも温泉に出かけたという記録が残っている。

　また、温泉に行く目的は、時代によって違いがあるようである。かつては、病気になった人が療養をする場所という意味があったが、その後、家族を連れて行って楽しむ行楽の場所に変わった。最近は、病気予防や休養の場所になっている。

　実際、温泉に出かけるとなると、最低一泊しなければならない。そこで、費用が負担になるのだが、近ごろは、費用を節約する日帰りの温泉旅行も流行っている。ドライブを楽しみながら、二時間ぐらい温泉を楽しんで、夜には帰宅する旅行で、ネットで調べていく人も多いと聞いている。日本には温泉がたくさんあるので、日帰り旅行でいろいろな温泉に入ってみるといいだろう。

1 본문을 읽고 기억에 남는 단어를 아래에 3개 이상 써 보세요.

→ _____

2 일본에서 온천으로 인정하는 물의 온도 기준은 어느 것입니까?

　1 40°C 이상

　2 60°C 이상

　3 25°C 이상

　4 90°C 이상

3 일본에서 수량이 많은 3대 온천지에 포함되지 않는 곳은 어디입니까?

　1 伊東温泉（いとうおんせん）

　2 白浜温泉（しらはまおんせん）

　3 別府温泉（べっぷおんせん）

　4 草津温泉（くさつおんせん）

핵심 포인트

온천에 대한 기준은 나라마다 다른데, 일본의 기준은 어떠한지, 그리고 온천의 수량이 많은 곳은 어디이며, 일본인은 언제부터 온천을 즐겨왔는지 등의 정보에 대해 파악해 보면 쉽게 이해할 수 있다.

● 다시 한 번 천천히 읽어 보면서 전체 내용을 정확히 이해해 봅시다.　　Track 09

日本の温泉

　日本は、火山が多いだけに、温泉も多い。温泉は、地下水が地熱によって加熱されて湧き出てくるものである。温泉の基準は国によって違いがあるが、日本では25℃以上となっている。しかし、実際はどのくらいかというと、40℃から60℃くらいのものが多く、熱いところは90℃を超える所もあるそうだ。水量の多い所といえ

05 ば、群馬県の草津温泉、大分県の別府温泉、静岡県の伊東温泉が有名である。
　日本人は、昔から温泉を楽しんできた。『日本書紀』、『風土記』などの古い文献にも、「湯」または「出湯」という記録があり、『万葉集』にも温泉に出かけたという記録が残っている。
　また、温泉に行く目的は、時代によって違いがあるようである。かつては、病気

10 になった人が療養をする場所という意味があったが、その後、家族を連れて行って楽しむ行楽の場所に変わった。最近は、病気予防や休養の場所になっている。
　実際、温泉に出かけるとなると、最低一泊しなければならない。そこで、費用が負担になるのだが、近ごろは、費用を節約する日帰りの温泉旅行も流行っている。ドライブを楽しみながら、2時間ぐらい温泉を楽しんで、夜には帰宅する旅行で、

15 ネットで調べていく人も多いと聞いている。日本には温泉がたくさんあるので、日帰り旅行でいろいろな温泉に入ってみるといいだろう。

◉ 다음 본문의 내용에 대한 질문에 답해 보세요.

1　日本に温泉が多い理由は何ですか。

→ _____

2　温泉の記録がある文献は何ですか。

→ _____

3　昔の温泉にはどんな目的がありましたか。

→ _____

4　最近の温泉旅行の目的は何ですか。

→ _____

5　温泉旅行の費用節約のためには、どんな方法がありますか。

→ _____

낱말과 표현

火山 화산 | 地熱 지열 | 加熱 가열 | 湧き出る 솟아 나오다 | 文献 문헌 | 出湯 온천 | 療養 요양 |

負担 부담 | 日帰り 당일치기 | 流行る 유행하다

01　～だけに　～(이)니까

전건에서 말한 사실로부터 당연히 발생하는 결과가 후건임을 나타낸다. 우리말로는 '～이니까 그것에 걸맞게'라는 뜻을 나타내지만, 이로부터 '～이니까 더욱더'의 뜻으로 발전하여 전건(이유)을 강조한다. 활용어의 연체형 및 명사에 접속된다.

日本は、火山が多いだけに、温泉も多い。

期待していなかっただけに、喜びは大きい。

試験の前だけに、風邪を引かないように気をつけてください。

02　～というと　～라고 하면

우리말로 '～라고 하면'이라는 뜻으로, 어떤 화제를 받아 거기에서 연상되는 것에 대해 말하거나, 그것에 대해 설명을 부가하거나 할 때 사용한다. 또한, 상대방이 한 말을 확인하기 위하여 같은 말을 반복할 때도 사용한다. 명사나 용언의 보통형에 접속된다.

実際はどのくらいかというと、40℃から60℃くらいのものが多い。〔연상〕

ピクニックというと、あの時を思い出す。〔연상〕

帰ったというと、もう韓国には戻らないということでしょうか。〔확인〕

낱말과 표현

期待 기대 ｜ 喜び 기쁨 ｜ 気をつける 주의하다, 조심하다 ｜ ピクニック 피크닉, 소풍 ｜
思い出す 생각해 내다, 회상하다

03 ～そうだ　～라고 한다

우리말로 '～라고 한다'라는 뜻으로, 말하는 사람이 눈이나 귀를 통해서 얻은 정보를 상대에게 전달할 때 쓰는 표현이다. 정보의 출처는 「～によると」, 「～によれば」, 「～では」 등으로 나타내며, 활용어의 보통형에 접속된다.

熱い所は90℃を超える所もあるそうだ。

チラシによると、砂糖が安いそうです。

イギリスでは冬でも芝生が緑だそうですね。

04 ～といえば　～라고 하면

우리말로 '～라고 하면'이라는 뜻으로, 어떤 화제를 받아 거기에서 연상되는 것에 대해 말하거나 그것에 대해 설명을 부가하거나 할 때 사용한다(= ～というと). 접속은 화제로 하려고 하는 말에 그대로 이어지는 경우가 많다.

水量の多い所といえば、草津温泉、別府温泉、伊東温泉が有名である。

秋の果物の代表といえば、柿でしょうか。

冬に行きたい所といえば、温泉でしょう。

낱말과 표현

チラシ 전단지 | ～によると ~에 의하면 | 砂糖 설탕 | イギリス 영국 | 芝生 잔디 | 緑 초록 |
代表 대표 | 柿 감

1   다음 밑줄 친 단어 중 한자는 히라가나로, 가타카나는 한자로 고쳐 쓰세요.

　① 日本は、火山が多いだけに、温泉も多い。　　　(　　　　　)

　② 病気になった人が療養をする場所という意味があった。

　　　　　　　　　　　　　　　　　　　　　　　　　(　　　　　)

　③ 病気ヨボウや休養の場所になっている。　　　　(　　　　　)

　④ 費用をセツヤクする日帰りの温泉旅行も流行っている。

　　　　　　　　　　　　　　　　　　　　　　　　　(　　　　　)

2   다음 문장에 쓰인 「だけに」의 의미를 〈보기〉에서 골라 기호로 쓰세요.

　보기　(ㄱ) ～ので、それにふさわしく　　(ㄴ) ～ので、いっそう

　① 彼はアメリカでの生活が長いだけに英語が上手だ。　　　(　　)

　② すっかり諦めていただけに、合格の知らせは夢のようだ。　(　　)

　③ 中村さんは若い頃、マラソン選手だっただけに、まだ達者だ。(　　)

　④ 心から信じていただけに、彼女の裏切りは許せません。　　(　　)

낱말과 표현

諦める 체념하다 | 合格 합격 | 知らせ 알림, 통지 | マラソン選手 마라톤 선수 | 達者だ 건강하다, 튼튼하다 |

信じる 믿다 | 裏切り 배신 | 許す 용서하다

3 다음 문장을 〈보기〉와 같이 바꾸어 써 보세요.

 事故の原因はまだわからないということです。

→ 事故の原因はまだわからないそうです。

① 明日も雨が降る心配はないということだ。

→ ＿＿＿＿＿＿＿＿＿＿＿＿＿＿＿＿＿＿＿＿＿＿＿＿。

② 昨日の夜、火事があったということです。

→ ＿＿＿＿＿＿＿＿＿＿＿＿＿＿＿＿＿＿＿＿＿＿＿＿。

③ 日本語の試験は難しかったということです。

→ ＿＿＿＿＿＿＿＿＿＿＿＿＿＿＿＿＿＿＿＿＿＿＿＿。

4 다음 ( ) 안의 표현을 사용하여 문장을 완성하세요.

① (連想される, というと, 電気が)

→ エジソン＿＿＿＿＿＿＿＿＿＿＿＿＿＿＿＿＿＿＿。

② (といえば, 思い浮かびますか, 何が)

→ 日本人＿＿＿＿＿＿＿＿＿＿＿＿＿＿＿＿＿＿＿。

③ (でしょう, といえば, 何といっても, 歌舞伎)

→ 芸能＿＿＿＿＿＿＿＿＿＿＿＿＿＿＿＿＿＿＿＿。

火事 화재 │ 難しい 어렵다 │ エジソン 에디슨 │ 連想される 연상되다 │ 思い浮かぶ 생각나다 │
芸能 예능 │ 歌舞伎 가부키

次の文章を読んで、後の問いに対する答えとして、最もよいものを1・2・3・4から一つ選びなさい。

日本では、ゴールデンウィークというと、4月29日の「昭和の日」、5月3日の「憲法記念日」、5月4日の「みどりの日」、5月5日の「こどもの日」の4つの祝日と、週末の休みなどを合わせた1週間以上の連休のことです。日本には、レジャーのために仕事を休むという習慣がないので、ゴールデンウィークといえば、正月休みや盆休みと並ぶ貴重な大型休暇になっています。

ゴールデンウィークに海外旅行や温泉旅行に出かけたり、テーマパークや遊園地、キャンプ場などのレジャー施設で遊んだりします。また、結婚して子供のいる夫婦は、子供を連れて実家に帰省することも多いそうです。大型連休だけに、観光地はどこも多くの人でにぎわい、新幹線や飛行機は満席で、高速道路は渋滞します。

本文で、ゴールデンウィークに関係がないのはどれか。

1　温泉旅行や海外旅行

2　テーマパークや遊園地

3　実家に帰省

4　神社やお寺

| 昭和 쇼와 | 憲法 헌법 | 祝日 축일, 기념일 | 連休 연휴 | レジャー 레저 | 遊園地 유원지 |

| キャンプ場 캠핑장 | 実家 생가, 친정 | 帰省する 귀성하다 | にぎわう 붐비다 | 満席 만석 | 渋滞 정체 |

일상 관용어구

足を洗う

나쁜 일에서 손을 떼다

👈 어원 유래

불교에서 맨발로 수행을 한 승려가 자기 절에 돌아와 발을 씻으면서 세속의 번뇌를 씻고 불업(佛業)으로 들어간다는 의미로 「足を洗う」가 사용되었는데, 이 말의 의미가 확장되면서 현재는 나쁜 일을 그만두거나 나쁜 조직에서 나온다는 의미로 사용되고 있다. 우리말 "손을 씻다"가 「足を洗う」와 비슷한 말로, 일본은 발, 우리는 손이라는 점에서 차이가 있다.

예 彼は、長年関係していた暴力団から足を洗った。

그 사람은 오랜시간 관계하고 있던 폭력단에서 손을 뗐다.

兄は昔の悪い仕事からは足を洗って、今はまじめに生活している。

형은 예전에 하던 나쁜 일에서는 손을 떼고, 지금은 성실하게 생활하고 있다.

10과

<ruby>地震<rt>じしん</rt></ruby>・<ruby>災難<rt>さいなん</rt></ruby> 지진·재난

 워밍업 Warming-up

1. 여러분은 3·11 동일본 대지진과 쓰나미를 통해 무엇을 느꼈나요?

2. 여러분은 이 세상에서 가장 무서운 것 세 가지가 무엇입니까?

 핵심 표현 key Expression

❶ <ruby>大地震<rt>だいじしん</rt></ruby>の<ruby>前<rt>まえ</rt></ruby>にはそれに<ruby>先立<rt>さきだ</rt></ruby>って、<ruby>異常<rt>いじょう</rt></ruby>な<ruby>現象<rt>げんしょう</rt></ruby>が<ruby>現<rt>あらわ</rt></ruby>れる。

❷ <ruby>帰宅困難者<rt>きたくこんなんしゃ</rt></ruby>に<ruby>対<rt>たい</rt></ruby>する<ruby>対策<rt>たいさく</rt></ruby>も<ruby>整<rt>ととの</rt></ruby>っている。

❸ <ruby>地震<rt>じしん</rt></ruby>や<ruby>災害<rt>さいがい</rt></ruby>の<ruby>規模<rt>きぼ</rt></ruby>によるが、<ruby>被害<rt>ひがい</rt></ruby>が<ruby>大<rt>おお</rt></ruby>きいと、<ruby>全国各地域<rt>ぜんこくかくちいき</rt></ruby>に<ruby>被害対策本部<rt>ひがいたいさくほんぶ</rt></ruby>が<ruby>作<rt>つく</rt></ruby>られる。

❹ いつでもどこでも<ruby>起<rt>お</rt></ruby>こりうる。

단어노트

■ 地震 지진

■ 災難 재난

■ 先立つ 앞서다

■ モグラ 두더지

■ 逃げ出す 도망가다

■ 異常 이상

■ 現れる 나타나다

■ 襲われる 습격당하다

■ 緊急 긴급

■ 着替え 갈아입음, 갈아입을 옷

■ 防災訓練 방재 훈련

■ 避難訓練 피난 훈련

■ 想定 상정, 가상

■ 隠れる 숨다

■ 津波 쓰나미

■ 備える 준비하다, 대비하다

■ 帰宅困難者 귀가 곤란자

■ 整う 갖추어지다

■ 対策 대책

■ 災害 재해

■ 規模 규모

■ 被害 피해

■ 大震災 대지진의 재해

■ 内閣総理大臣 내각 총리대신, 수상

■ 総指揮を執る 총지휘를 하다, 총지휘를 맡다

■ 雷 천둥

■ 恐ろしい 두렵다, 무섭다

■ 順番 순서, 순번

■ 並べる 늘어놓다, 열거하다

◉ 이 과에서 배우게 될 내용이 무엇인지 <u>스스</u>로 읽어봅시다.

地震・災難

　日本は地震国である。大地震の前にはそれに先立って、モグラが逃げ出すなど、異常な現象が現れるというが、人はいつ災難に襲われるかはわからない。そこで、まず、健康な生活ができるように予め準備する必要がある。家には緊急時の食べ物がある程度あるといい。また、着替えもあると役に立つ。

05　地震大国日本は、全国的に防災訓練や避難訓練が行われている。また、小学校でも地震の発生を想定して、机の下に隠れたり、津波が襲ってきた状況を想定して、高い所に逃げたりする訓練をしている。それだけでなく、家には、緊急時の食べ物や水がある程度備えられていたり、帰宅困難者に対する対策も整っている。このような備える姿勢からは、学ぶところが多いと思う。

10　地震や災害の規模によるが、被害が大きいと、全国各地域に被害対策本部が作られる。特に3・11のような大震災の場合は、内閣総理大臣が総指揮を執ることになっている。

　日本には、「地震・雷・火事・親父」という言葉がある。人々が恐ろしいと思っているものを順番に並べたものである。しかし、地震や災害に順番はなく、いつで15もどこでも起こりうる。そこで必要なのは、準備する力と心である。

1 본문을 읽고 기억에 남는 단어를 아래에 3개 이상 써 보세요.

→ _____

2 본문에서 제시한 지진이나 재난에 대한 대비로 볼 수 없는 것은 어느 것입니까?

　① 귀가가 곤란한 자에 대한 대책을 마련한다.

　② 방재 훈련이나 피난 훈련을 실시한다.

　③ 자택에는 긴급시의 식량이나 물을 어느 정도 대비해 둔다.

　④ 사람들이 무엇을 무서워하는지 파악해 둔다.

3 일본인들이 무서워하는 것은 4가지가 있는데, 이에 포함되지 않는 것은 무엇입니까?

　① 지진

　② 천둥

　③ 아버지

　④ 쓰나미

　　핵심 포인트

　　일본은 지진이 많은 나라로 언제 재난의 습격을 받을지 모른다. 따라서 그들에게 필요한 것은 무엇
　　이고, 실제로 어떤 훈련을 받고 있고, 어떤 대책을 마련하고 있는지, 그리고 일본인들이 무서워하
　　는 것은 무엇인지에 대한 정보를 파악해 보면 쉽게 이해할 수 있다.

● 다시 한 번 천천히 읽어 보면서 전체 내용을 정확히 이해해 봅시다.　　　Track 10

地震・災難

　日本は地震国である。大地震の前にはそれに先立って、モグラが逃げ出すなど、異常な現象が現れるというが、人はいつ災難に襲われるかはわからない。そこで、まず、健康な生活ができるように予め準備する必要がある。家には緊急時の食べ物がある程度あるといい。また、着替えもあると役に立つ。

05　地震大国日本は、全国的に防災訓練や避難訓練が行われている。また、小学校でも地震の発生を想定して、机の下に隠れたり、津波が襲ってきた状況を想定して、高い所に逃げたりする訓練をしている。それだけでなく、家には、緊急時の食べ物や水がある程度備えられていたり、帰宅困難者に対する対策も整っている。このような備える姿勢からは、学ぶところが多いと思う。

10　地震や災害の規模によるが、被害が大きいと、全国各地域に被害対策本部が作られる。特に3・11のような大震災の場合は、内閣総理大臣が総指揮を執ることになっている。

　日本には、「地震・雷・火事・親父」という言葉がある。人々が恐ろしいと思っているものを順番に並べたものである。しかし、地震や災害に順番はなく、いつでもどこでも起こりうる。そこで必要なのは、準備する力と心である。

다음 본문의 내용에 대한 질문에 답해 보세요.

① 大震災に先立ってどんな現象が起きますか。

→ _____

② 小学校では地震が起きたら、どうしますか。

→ _____

③ 津波が襲ってきたときは、どうすればいいですか。

→ _____

④ 3・11のような大震災のときは、誰が総指揮を執りますか。

→ _____

⑤ 日本で恐ろしいと思われているものを順に並べた言葉は何ですか。

→ _____

낱말과 표현

逃げ出す 도망가다 | 襲われる 습격당하다 | 緊急 긴급 | 想定 상정, 가상 | 帰宅困難者 귀가 곤란자 |

総指揮を執る 총지휘를 하다, 총지휘를 맡다 | 恐ろしい 두렵다, 무섭다

01 ～に先立って　～(하)기에 앞서

우리말의 '～에 앞서, ～(하)기에 앞서'라는 뜻으로, 어떤 일을 시작하기 전에 하는 일을 나타낸다. 주로 특별한 일을 말할 때 많이 쓰이며, 일상적인 일에 대해서는 그다지 쓰이지 않는다. 명사와 동사의 기본형에 접속된다.

大地震の前にはそれに先立って、モグラが逃げ出すなど、異常な現象が現れる。

海外旅行に先立って、パスポートを確認してください。

映画が始まるに先立ち、主演俳優が作品を紹介しました。

02 ～に対する　～에 대한

우리말의 '～을 향한, ～에 대한, ～에 관한'이라는 뜻으로, 뒤에 오는 명사를 수식한다. 명사에 접속되며, 「～に対してのN」의 형태로 사용되는 경우도 있다.

帰宅困難者に対する対策も整っている。

彼の私に対する情熱は冷めない。

騒音に対しての苦情が相次いでいる。

📖 낱말과 표현

パスポート 여권 | 確認 확인 | 主演俳優 주연배우 | 作品 작품 | 情熱 정열 | 冷める 식다 | 騒音 소음 |

苦情 불만 | 相次ぐ 잇따르다

03 〜による ～에 의하다, ～에 의한

명사에 접속되며, '～에 의하다, ～에 의한'이라는 뜻을 나타낸다. '동작주·원인·조건' 등을 나타내는데 쓰이는 표현이다.

地震や災害の規模によるが、被害が大きいと、全国各地域に被害対策本部が作られる。

民主主義とは、人民の、人民による、人民のための政治である。

昼ご飯を食べて帰るかどうかは、会議の終わる時間による。

04 〜うる / える ～할 수 있다

동사 ます형에 접속되며, '～할 수 있다, ～의 가능성이 있다'라는 뜻을 나타낸다. 기본형은 「うる/える」, ます형은 「えます」, 부정형은 「えない」, た형은 「えた」가 된다. 단, 사람의 능력을 나타내는 경우에는 사용할 수 없다.

彼女はドイツ語が話しうる。(×)

彼女はドイツ語が話せる。(○)

いつでもどこでも起こりうる。

息子の態度には、失望の念を禁じえない。

高血圧は食生活の乱れから発生しえます。

📖 **낱말과 표현**

民主主義 민주주의 | 〜とは ～라는 것은, ～란 | 人民 인민 | 失望 실망 | 念 마음, 생각 | 禁じる 금하다 |
高血圧 고혈압 | 乱れ 흐트러짐 | 発生 발생

1 다음 밑줄 친 단어 중 한자는 히라가나로, 가타카나는 한자로 고쳐 쓰세요.

1 大地震の前にはそれに先立って、異常な現象が現れる。

(   )

2 いつ災難に襲われるかはわからない。 (   )

3 全国各地域にヒガイ対策本部が作られる。 (   )

4 ツナミが襲ってきた状況を想定した。 (   )

2 다음 ( ) 안에 들어갈 알맞은 말을 〈보기〉에서 골라 문장을 완성하세요.

> 보기   司会の方   両チーム   主演女優   結婚式

1 映画が始まるに先立って(   )が作品を紹介しました。

2 試合を始めるに先立ち、(   )の代表が選手宣誓をした。

3 (   )に先立って、お互いの親族を紹介した。

4 研究会に先立って、(   )が挨拶をした。

낱말과 표현

司会 사회 | 主演女優 주연 여배우 | 代表 대표 | 選手宣誓 선수 선서 | 親族 친족 | 研究会 연구회

3 다음 ( ) 안의 표현을 사용하여 밑줄 친 부분을 일본어로 바꾸어 쓰세요.

1 最近ゲームに対する情熱が失せてきている。（～に対する）

→ _____

2 その質問に対する答えにはならない。（～に対する）

→ _____

3 行くかどうかは今後の計画に従う。（～による）

→ _____

4 다음 밑줄 친 부분을 모두 히라가나로 바꾸어 쓰세요.

1 事故の発生は有り得ることだ。

（　　　　　　　　　）

2 息子の態度には、失望の念を禁じ得ない。

（　　　　　　　　　）

3 外国からの留学生が生活しているという現実を認識し得なかった。

（　　　　　　　　　）

4 福岡で忘れ得ないお店でした。

（　　　　　　　　　）

낱말과 표현

ゲーム 게임 | 情熱 정열 | 質問 질문 | 答え 대답, 답변 | 計画 계획 | 失せる 없어지다, 사라지다

次の文章を読んで、後の問いに対する答えとして、最もよいものを1・2・3・4から一つ選びなさい。

2011年3月11日に発生した東日本大震災は、地震や津波、火事、さらには原子力発電所の事故によるトラブルが重なる未曾有の事態でした。この震災は国内のみならず、お隣の韓国を始め、世界中に大きな衝撃を与え、様々な問題に対する認識を深めることになりました。

この震災では、福島第一原子力発電所の事故により、家を奪われた人も多く、この問題はまだ復興の大きな足枷となっています。また、そのような状況で、成長段階の子供たちが、地震、津波、原発事故により受けた身体的、精神的ストレスも大きな問題となっています。

本文の内容と合っているものはどれか。

1 福島第一原子力発電所の事故により、家を奪われた人はいない。

2 地震、津波、原発事故による子供たちのストレスが大きな問題となっている。

3 放射能は今後10年間健康に害を及ぼす。

4 3・11大震災は、日本にだけ大きな衝撃を与えた。

낱말과 표현

原子力発電所 원자력발전소 | トラブル 트러블 | 重なる 겹치다 | 未曾有 미증유, 역사상 처음 | 事態 사태 |
衝撃 충격 | 認識 인식 | 深める 깊게 하다 | 奪う 빼앗다 | 復興 복구 | 足枷 족쇄 | 成長段階 성장단계

일상 관용어구

天災(てんさい)は忘(わす)れた頃(ころ)にやってくる

재해는 잊었을 때 찾아온다

어원 유래

이 말은 일본의 물리학자 데라다 도라히코(寺田寅彦)가 관동대지진이 일어난 후, 그 참상을 보고 후세에 교훈으로 남기고자 어느 잡지에 남긴 말로, 재해라는 것은 극히 드물게 일어나므로 인간이 잊어버릴 만하면 다시 찾아오니 평소에 방심하지 말고 대비를 잘 하라는 메시지이다. 한국에는 일본처럼 지진은 없지만, 태풍이라든지 집중호우로 피해가 많아지고 있는 현실에서 좋은 교훈이 아닐 수 없다.

예 災害(さいがい)から半年(はんとし)が経過(けいか)したが、天災(てんさい)は忘(わす)れた頃(ころ)にやってくるというから、まだ安心(あんしん)はできない。

재해로부터 반년이 경과했지만 재해는 잊었을 때 찾아온다고 하니까, 아직 안심은 할 수 없다.

日本(にほん)のことわざには、「天災(てんさい)は忘(わす)れた頃(ころ)にやってくる」という有名(ゆうめい)な言葉(ことば)があります。

일본의 속담에는 재해는 잊었을 때 찾아온다는 유명한 말이 있습니다.

11과

天気予報 일기예보
てんき よほう

 워밍업 Warming-up

1. 여러분은 일본의 「天気予報」를 접해 본 적이 있습니까?
   てんき よほう

2. 여러분은 「天気予報」를 들으면 보통 어떻게 합니까?
   てんき よほう

🔑 **핵심 표현** key Expression

❶ 夜、寝る前には、必ず天気予報を確認する。
   よる ね まえ かなら てんき よほう かくにん

❷ 一晩のうちに、状況が変わることもある。
   ひとばん じょうきょう か

❸ 携帯用雨傘が発達しているのは、そういう日本人の意識が関係している
   けいたいようあまがさ はったつ にほんじん いしき かんけい
   からだと思ってしまうほどである。
   おも

❹ とにかく日本は天気に対して、関心が高い国民性なのである。
   にほん てんき たい かんしん たか こくみんせい

128

- **天気予報** 일기예보
- **欠く** 빠트리다
- **一晩** 하룻밤, 밤새
- **決まる** 정해지다, 결정되다
- **お天気キャスター** 기상 캐스터
- **チャンネル** 채널
- **都合がいい** 형편이 좋다, 사정이 좋다
- **忠実** 충실
- **従う** 따르다
- **行動する** 행동하다
- **携帯用** 휴대용
- **雨傘** 우산
- **発達** 발달
- **意識** 의식
- **関係する** 관계하다

- **ある程度** 어느 정도
- **気付く** 깨닫다, 눈치 채다
- **取り上げる** 들다, 꺼내다
- **晴れた日** 맑은 날
- **あいにく** 공교롭게
- **とにかく** 어쨌든, 하여간
- **関心** 관심
- **国民性** 국민성

◉ 이 과에서 배우게 될 내용이 무엇인지 <u>스스</u>로 읽어봅시다.

天気予報

　天気予報は、旅行や毎日の生活において、欠くことのできない情報である。夜、寝る前には、必ず天気予報を確認して、明日のスケジュールを考える、という人も多い。だが、一晩のうちに、状況が変わることもあるので、次の日の朝、その日の天気予報をもう一度確認する必要がある。

05　テレビには、決まったお天気キャスターがいる。何チャンネルには誰、何チャンネルには誰、というように、何人かの有名なキャスターがいて、それぞれファンもいるようである。好きなお天気キャスターがいると、その顔が見たくなり、必ず天気予報を見ることになるので、都合がいい。

　日本人は天気予報に忠実に従って行動する方である。つまり、雨の予報があった
10　場合には、必ず傘を持って出るのである。日本で携帯用雨傘が発達しているのは、そういう日本人の意識が関係しているからだと思ってしまうほどである。

　ある程度、日本で生活をしてみないと気付かないと思うが、日本人は挨拶のなかに、この天気を取り上げることが多い。晴れた日には「いいお天気ですね」と言い、雨の日には、「あいにく雨ですね」と挨拶をする。とにかく日本は天気に対し
15　て、関心が高い国民性なのである。

1 본문을 읽고 기억에 남는 단어를 아래에 3개 이상 써 보세요.

→ _____

2 일본인들은 평상시 인사를 나눌 때 무엇을 화제로 삼을까요?

1 패션

2 기상 캐스터

3 날씨

4 텔레비전 드라마

3 비가 내리는 날에 일본인들은 보통 뭐라고 인사를 합니까?

1 あいにく雨ですね。

2 いい雨ですね。

3 いいお天気ですね。

4 たいへんですね。

핵심 포인트

일기예보는 여행은 물론, 일상생활에서 빠트릴 수 없는 정보이다. 일본에서는 일기예보가 어떻게 받아들여지고 있고, 일상생활에서 일본인이 인사를 나눌 때 무엇을 화제로 삼는 경우가 많은지 등의 정보를 파악해 보면 쉽게 이해할 수 있다.

● 다시 한 번 천천히 읽어 보면서 전체 내용을 정확히 이해해 봅시다.　　　Track 11

天気予報

　天気予報は、旅行や毎日の生活において、欠くことのできない情報である。夜、寝る前には、必ず天気予報を確認して、明日のスケジュールを考える、という人も多い。だが、一晩のうちに、状況が変わることもあるので、次の日の朝、その日の天気予報をもう一度確認する必要がある。

05　テレビには、決まったお天気キャスターがいる。何チャンネルには誰、何チャンネルには誰、というように、何人かの有名なキャスターがいて、それぞれファンもいるようである。好きなお天気キャスターがいると、その顔が見たくなり、必ず天気予報を見ることになるので、都合がいい。

　日本人は天気予報に忠実に従って行動する方である。つまり、雨の予報があった
10　場合には、必ず傘を持って出るのである。日本で携帯用雨傘が発達しているのは、そういう日本人の意識が関係しているからだと思ってしまうほどである。

　ある程度、日本で生活をしてみないと気付かないと思うが、日本人は挨拶のなかに、この天気を取り上げることが多い。晴れた日には「いいお天気ですね」と言い、雨の日には、「あいにく雨ですね」と挨拶をする。とにかく日本は天気に対し
15　て、関心が高い国民性なのである。

◉ 다음 본문의 내용에 대한 질문에 답해 보세요.

1 寝る前に必ず確認するのは何ですか。

→ _____

2 次の日の朝、起きたら何をしますか。

→ _____

3 日本人は雨の予報があった場合は、どうしますか。

→ _____

4 日本は何が発達していますか。

→ _____

5 天気に関連した日本の挨拶には、どんなものがありますか。

→ _____

낱말과 표현

天気予報 일기예보 │ 一晩 하룻밤, 밤새 │ 忠実 충실 │ 雨傘 우산 │ 気付く 깨닫다, 눈치 채다 │
取り上げる 들다, 꺼내다 │ 関心 관심 │ 関連 관련

01 ～前(まえ)に ～하기 전에

우리말로 '～하기 전에'라는 뜻으로, 명사 수식형에 접속된다. 「X前にY」의 형태로 X가
일어나는 것보다 Y가 먼저 일어나는 것을 나타낸다.

夜(よる)、寝(ね)る前(まえ)には、必(かなら)ず天気予報(てんきよほう)を確認(かくにん)して、明日(あした)のスケジュールを考(かんが)え
る、という人(ひと)も多(おお)い。

食事(しょくじ)の前(まえ)に手(て)を洗(あら)いましょう。

大学(だいがく)を卒業(そつぎょう)する前(まえ)に、一度(いちど)ゆっくり友達(ともだち)と旅行(りょこう)したいです。

02 ～うちに ～하는 동안에

어떤 기간 계속되는 것을 나타내는 표현과 함께 사용되어 '～하는 동안에, ～할 때, ～하
기 전에'라는 뜻을 나타낸다. 명사 수식형에 접속된다.

一晩(ひとばん)のうちに、状況(じょうきょう)が変(か)わることもあるので、次(つぎ)の日(ひ)の朝(あさ)、その日(ひ)の
天気予報(てんきよほう)をもう一度確認(いちどかくにん)する必要(ひつよう)がある。

ピアノを練習(れんしゅう)しているうちに、雨(あめ)が止(や)みました。

暗(くら)くならないうちに、帰宅(きたく)する。

낱말과 표현

手(て)を洗(あら)う 손을 씻다 | 雨(あめ)が止(や)む 비가 그치다 | 暗(くら)くなる 어두워지다 | 帰宅(きたく) 귀가

03 〜ほどだ　〜할 정도다

우리말의 '〜할 정도다'라는 뜻으로, 앞서 진술된 것에 대해 구체적으로 예를 들어 어느 정도인지 설명할 때 사용한다. い형용사와 동사의 보통형, な형용사의 명사 수식형에 접속된다.

そういう日本人の意識が関係しているからだと思ってしまうほどである。

山から流れてくる川の水は冷たくて、手を入れると痛いほどだった。

富士山が正面に見える見晴らし台の人気は異常なほどだ。

04 〜に対して　〜에 대해서

우리말의 '〜에 대해서, 〜에 비해서'라는 뜻으로, 어떤 행위나 감정을 표현하는 대상을 나타내거나 어떤 내용에 대해서 두 가지 상황을 비교할 때 사용한다. 명사나 「〜の」의 형태에 접속된다.

とにかく日本は天気に対して、関心が高い国民性なのである。

友人の言動に対して、悩んでいます。

姉はスポーツが嫌いなのに対して、妹はスポーツが得意だ。

낱말과 표현

正面 정면 | 見晴らし台 전망대 | 異常 이상 | 言動 언동 | 悩む 고민하다 | 得意だ 잘하다, 숙련되다

1   다음 밑줄 친 단어 중 한자는 히라가나로, 가타카나는 한자로 고쳐 쓰세요.

　　① 携帯用雨傘^{けいたいよう}が発達^{はったつ}している。　　　　　　（　　　　　　）

　　② その一晩^{ひとばん}のうちに、状況^{じょうきょう}が変^かわることもある。　（　　　　　　）

　　③ その日^ひのテンキヨホウをもう一度確認^{いちどかくにん}する必要^{ひつよう}がある。

　　　　　　　　　　　　　　　　　　　　　　　　　　　　（　　　　　　）

　　④ 予報^{よほう}にチュウジツに従^{したが}って行動^{こうどう}する方^{ほう}である。　（　　　　　　）

2   다음 (　　　) 안에 들어갈 알맞은 말을 〈보기〉에서 골라 문장을 완성하세요.

　　┌─────────────────────────────────────┐
　　│ 보기   　　に対^{たい}して　　前^{まえ}に   │
　　└─────────────────────────────────────┘

　　① 兄^{あに}はクラスで一番背^{いちばんせ}が高^{たか}いの（　　　　　　）、弟^{おとうと}はクラスで一番背^{いちばんせ}が低^{ひく}い。

　　② 食事^{しょくじ}の（　　　　　　）薬^{くすり}を飲^のむ。

　　③ 言^いい訳^{わけ}をする（　　　　　　）まず反省^{はんせい}しなさい。

　　④ 日本^{にほん}のデパートでは客^{きゃく}（　　　　　　）、とても丁寧^{ていねい}な敬語^{けいご}を使^{つか}う。

낱말과 표현

┄┄
背^せが高^{たか}い 키가 크다 | 背^せが低^{ひく}い 키가 작다 | 言^いい訳^{わけ}をする 변명하다 | 反省^{はんせい} 반성 | デパート 백화점 |
丁寧^{ていねい}だ 정중하다 | 敬語^{けいご} 경어

3 다음 〈보기〉와 같이 [　　] 안의 단어를 사용하여 문장을 완성하세요.

> 보기 ラジオを聞いていたが、[気が付く，ない，うちに] 眠ってしまった。
>
> → ラジオを聞いていたが、気が付かないうちに眠ってしまった。

① [年を取る，ない，うちに]、海外旅行をしようと思っている。

→ _____

② ピアノを[練習している，うちに]、雨が止みました。

→ _____

③ [朝早く，静かだ，うちに]、公園の中を走りましょう。

→ _____

4 다음 (　　) 안의 표현을 알맞은 형태로 바꾸어 빈칸에 써 넣으세요.

① 川の水は冷たくて、手を入れると、_____ほどだった。
（痛いです）

② 全身がひどく疲れた感じになり、立っているのも_____ほどだ。
（辛いです）

③ 生きているのが_____ほどだ。（不思議です）

📖 낱말과 표현

気が付く 깨닫다 ｜ 眠る 잠자다, 자다 ｜ 海外旅行 해외 여행 ｜ 復習 복습 ｜ 朝早く 아침 일찍, 새벽같이 ｜
全身 전신 ｜ 辛い 고통스럽다, 괴롭다 ｜ 生きる 살다, 생존하다 ｜ 不思議だ 불가사의하다, 이상하다

次の文章を読んで、後の問いに対する答えとして、最もよいものを1・2・3・4から一つ選びなさい。

韓国と日本の文化は非常に似ているようで、違う点もたくさんあると思います。私が特に興味があるのは韓国と日本のテレビの天気予報です。

韓国も日本もどちらもニュースの合間に天気予報がありますが、情報を伝える点で両国に違いがあります。例えば、日本の天気予報では韓国よりも、様々な情報を伝える点です。つまり、気温や雨、台風など、共通する情報もある一方で、日本の天気予報では生活に便利な情報もたくさん知ることができます。

単なる天気情報だけでなく、市民の生活に密着した便利な情報を加えることで、テレビの天気予報はもっと有益になり、信頼性も増すでしょう。韓国は日本に比べてまだ天気予報で伝える情報が少ないかもしれませんが、これからはもっと市民の生活に役立つ情報があったらと思います。

本文の内容と合っているものはどれか。

1　両方ともに天気予報だけを伝える。

2　両方ともに生活に便利な情報を伝える。

3　韓国の天気予報では生活に便利な情報を伝える。

4　日本の天気予報では生活に便利な情報を伝える。

낱말과 표현

合間 사이, 틈, 짬 | 気温 기온 | 共通する 공통되다 | 単なる 단순한 | 密着する 밀착하다 | 有益 유익 |
信頼性 신뢰성 | 増す 커지다, 늘다

138

일상 관용어구

鬼の居ぬ間に洗濯

무서운 사람이 없는 사이에 기분전환

👆 어원 유래

「鬼の居ぬ間に洗濯」라는 속담은 상사나 감독관이 없을 때, 느긋하게 여유를 부리며 편하게 쉰다는 의미로 「鬼(도깨비)」는 무서운 사람을 가리키며, 「洗濯」는 기분전환을 의미한다. 일본의 속담에는 이 밖에도 도깨비에 관한 속담이 많은데, 몇 개 소개하자면 다음과 같다.

「鬼に金棒(범에 날개)」, 「鬼の目にも涙(도깨비 눈에도 눈물 즉, 귀신도 빌면 듣는다)」, 「鬼の霍乱(도깨비의 관란 즉, 평소에 튼튼한 사람이 병에 걸림)」, 「鬼も十八、番茶も出花(못생긴 처녀도 한창 때에는 예뻐 보인다)」, 「鬼が出るか蛇が出るか(무엇이 일어날지 어떻게 될지 예상할 수 없음)」, 「渡る世間に鬼はない(세상에 못된 귀신은 없다 즉, 어디 가나 인정은 있다)」, 「鬼が笑う(도깨비가 웃는다 즉, 장래를 예측함의 어리석음을 비유)」

예 明日はお母さんもいないから、好きなだけゲームをして遊ぼう。鬼の居ぬ間に洗濯だ。

내일은 엄마도 없으니까, 게임을 하고 싶은 만큼 하고 놀자. 기분전환 하는 거야.

鬼の居ぬ間に洗濯だ。課長もいないし、一服しよう。

기분전환이야. 과장님도 없고 하니, 잠깐 쉬자.

12과

日本の病院 일본의 병원
(にほん びょういん)

 위밍업 Warming-up

1. 일본 병원은 우리와 어떻게 다를까요?

2. 일본에서는 의사 처방 없이도 약을 살 수 있을까요?

핵심 표현 key Expression

❶ よくわからない場合は、総合病院へ行くほうがいい。

❷ 質問にはっきり答えることである。

❸ 軽い病気のときは、必ずしも病院に行かなくてもいい。

❹ 軽い病気のときは、必ずしも病院に行かなくてもいい。

단어 노트

■ 病院 병원

■ 呼ばれる 불리다, 일컬어지다

■ 総合病院 종합병원

■ 医院 의원

■ 呼び名 보통 불리는 이름, 통명

■ 営む 운영하다

■ 制度 제도

■ 区別 구별

■ 掛り付け 언제나 그 의사의 진찰·치료를 받는 일, 주치

■ 患者 환자

■ 受付 접수처

■ はっきり 똑똑히, 명확히

■ 医薬分業 의약분업

■ 医師 의사

■ 処方せん 처방전

■ 薬剤師 약제사

■ 調剤する 조제하다

■ 薬局 약국

■ 飲み方 먹는 법, 복용법

■ 別に 따로, 별도로

■ 説明 설명

■ 朝食後服用 아침 식사 후 복용

■ 夕食後服用 저녁 식사 후 복용

■ 理解する 이해하다

■ 風邪 감기

■ 頭痛 두통

■ 切り傷 상처

■ 軽い 가볍다

■ 簡単だ 간단하다

■ ドリンク剤 드링크제

◉ 이 과에서 배우게 될 내용이 무엇인지 <u>스스</u>로 읽어봅시다.

日本の病院

　日本の病院には、「〜病院」と呼ばれる総合病院と、「〜医院」という呼び名で個人が営む小さな病院がある。つまり、日本では制度上、「病院」と「医院」の区別がある。「医院」はそこを掛り付けとしている患者が多いので、どこに行けばいいかよくわからない場合は、「病院」、すなわち総合病院へ行くほうがいいと思う。

05　「病院」には、まず受付がある。受付では、「どこが痛むのですか」とか「どこが悪いのですか」などとまず聞かれるので、質問にはっきり答えることである。

　また、日本は、医薬分業と言って、医師の処方せんに従って、薬剤師が薬を調剤する。「病院」の場合、同じ院内に薬局があることもあるが、「医院」の場合には、近所に薬局があり、そこで薬だけを別に買うことになる。

10　薬局で薬をもらうとき、薬の飲み方についての説明が必ずある。朝食後服用とか、夕食後服用とか、薬剤師の説明をよく聞いて理解することが大切である。

　また、風邪や頭痛、切り傷といった軽い病気のときは、必ずしも病院に行かなくてもいい。近くのスーパーでも簡単な薬やドリンク剤などを売っている場合があるからである。

1　본문을 읽고 기억에 남는 단어를 아래에 3개 이상 써 보세요.

　　→ _____

2　개인이 경영하는 병원을 무엇이라고 합니까?

　　① 医院

　　② 病院

　　③ 診療の病院

　　④ 薬局

3　본문에 대한 설명 중 틀린 것을 고르세요.

　　① 약제사는 의사의 처방전에 따라서 약을 조제한다.

　　② 일본은 제도상 의원과 병원의 구별이 있다.

　　③ 일본에서는 의사의 처방 없이는 감기약을 살 수 없다.

　　④ 잘 모를 경우, 의원보다 병원에 가는 것이 좋다.

　　　핵심 포인트

　　일본 병원은 제도상 어떻게 구별되어 있고, 일본 사정을 모르는 사람은 어떤 병원에 가면 좋은지, 약제사는 약을 어떻게 조제하고, 간단한 약을 살 때도 의사의 처방이 필요한지 등의 정보에 대해 파악해 보면 쉽게 이해할 수 있다.

● 다시 한 번 천천히 읽어 보면서 전체 내용을 정확히 이해해 봅시다.　　　Track 12

日本の病院

　日本の病院には、「〜病院」と呼ばれる総合病院と、「〜医院」という呼び名で個人が営む小さな病院がある。つまり、日本では制度上、「病院」と「医院」の区別がある。「医院」はそこを掛り付けとしている患者が多いので、どこに行けばいいかよくわからない場合は、「病院」、すなわち総合病院へ行くほうがいいと思う。

05　「病院」には、まず受付がある。受付では、「どこが痛むのですか」とか「どこが悪いのですか」などとまず聞かれるので、質問にはっきり答えることである。

　また、日本は、医薬分業と言って、医師の処方せんに従って、薬剤師が薬を調剤する。「病院」の場合、同じ院内に薬局があることもあるが、「医院」の場合には、近所に薬局があり、そこで薬だけを別に買うことになる。

10　薬局で薬をもらうとき、薬の飲み方についての説明が必ずある。朝食後服用とか、夕食後服用とか、薬剤師の説明をよく聞いて理解することが大切である。

　また、風邪や頭痛、切り傷といった軽い病気のときは、必ずしも病院に行かなくてもいい。近くのスーパーでも簡単な薬やドリンク剤などを売っている場合があるからである。

◉ 다음 본문의 내용에 대한 질문에 답해 보세요.

1 日本の病院にはどのようなものがありますか。

→ _____

2 どの病院に行けばいいのかよくわからない場合は、どこへ行けばいいですか。

→ _____

3 医師の処方せんによって、薬を作ってくれる人は誰ですか。

→ _____

4 薬の飲み方の説明には、どんなものがありますか。

→ _____

5 簡単な薬やドリンク剤は、薬局以外のどこで売っていますか。

→ _____

낱말과 표현

総合病院 종합병원 | 医院 의원 | 呼び名 보통 불리는 이름, 통명 | 営む 운영하다 | 掛り付け 주치 |

受付 접수처 | 医薬分業 의약분업 | 処方せん 처방전 | 薬剤師 약제사 | 頭痛 두통 | 切り傷 상처

01 〜ほうがいい 　〜(하는) 편이 좋다

우리말의 '〜(하는) 편이 좋다'라는 뜻으로, 충고나 조언을 할 때 사용한다. 동사의 기본형, た형, 부정형에 접속된다. 기본형에 사용되어도 た형에 사용되어도 큰 차이는 없지만, 상대에게 강하게 권유할 경우에는 た형을 많이 사용한다.

よくわからない場合は、総合病院へ行くほうがいいと思う。
風邪なら休んだほうがいいです。
あの人には言わないほうがいいですよ。

02 〜ことだ 　〜하는 편이 좋다, 〜해야 한다

우리말의 '〜하는 편이 좋다, 〜해야 한다'라는 뜻으로, 그 상황에서 가장 바람직한 것 또는 가장 좋은 것을 말하여 간접적으로 충고나 명령을 할 때 사용한다. 동사의 기본형과 ない형에 접속된다.

質問にはっきり答えることである。
疲れた時はとにかく早く寝ることだ。
長生きしたいなら、働きすぎないことですよ。

낱말과 표현

長生きする 장수하다 │ 働きすぎる 과로하다

03 必ずしも〜ない　반드시 〜인 것은 아니다

우리말의 '반드시(꼭) 〜인 것은 아니다'라는 뜻으로 부분적인 부정을 나타내는 표현이다. 문어적인 표현이며, 「〜わけではない」, 「〜とは限らない」 등과 함께 사용하는 경우가 많다.

軽い病気のときは、必ずしも病院に行かなくてもいい。

日本人が必ずしも漢字ができるとは限らない。

必ずしも日本へ行けば日本語が上手になるというわけではない。

04 〜なくてもいい　〜하지 않아도 된다

우리말의 '〜하지 않아도 된다(괜찮다)', '〜할 필요가 없다'라는 뜻으로, 일종의 허가를 나타내는 표현이다. 동사 ない형에 접속된다.

軽い病気のときは、必ずしも病院に行かなくてもいい。

無理をしてまで、全部食べなくてもいいです。

明日は休みですから、勉強しなくてもいいです。

 **낱말과 표현**

〜とは限らない 〜(하다)고는 할 수 없다 | 無理 무리 | 全部 전부 | 休み 휴일, 휴가

1 다음 밑줄 친 단어 중 한자는 히라가나로, 가타카나는 한자로 고쳐 쓰세요.

1 病院の場合、同じ院内に薬局があることもある。   (   )

2 すなわち、総合病院へ行くほうがいいと思う。   (   )

3 「イイン」という呼び名で個人が営む病院がある。   (   )

4 医師の処方せんに従って、薬剤師が薬をチョウザイする。
(   )

2 다음 문장을 〈보기〉와 같이 바꾸어 써 보세요.

> 보기 タクシーに乗ります。 → タクシーに乗ったほうがいいです。
>   → タクシーに乗らないほうがいいです。

1 それは専門家に任せます。 → _____。

                          → _____。

2 すぐ警察に電話します。 → _____。

                          → _____。

3 あの人には言います。 → _____。

                          → _____。

낱말과 표현

専門家 전문가 | 任せる 맡기다 | 警察 경찰

3 다음 ( ) 안의 표현을 알맞은 형태로 바꾸어 빈칸에 써 넣으세요.

1 日本語が上手になりたければ、毎日新聞を＿＿＿＿＿＿ことだ。（読みます）

2 疲れた時はとにかく早く＿＿＿＿＿＿ことだ。（寝ます）

3 この部屋を＿＿＿＿＿＿なくてもいいです。（掃除します）

4 無理をしてまで、全部＿＿＿＿＿＿なくてもいいです。（食べます）

4 다음 ( ) 안의 표현을 사용하여 문장을 완성하세요.

1 （貧乏人より，金持ちが，限らない，幸せである，とは）

→ 必ずしも＿＿＿＿＿＿＿＿＿＿＿＿＿＿＿＿＿＿。

2 （努力は，ではない，もの，報われる）

→ 必ずしも＿＿＿＿＿＿＿＿＿＿＿＿＿＿＿＿＿＿。

3 （日本へ，わけではない，上手になる，日本語が，という，行けば）

→ 必ずしも＿＿＿＿＿＿＿＿＿＿＿＿＿＿＿＿＿＿。

 낱말과 표현

貧乏人 가난뱅이 ｜ 金持ち 부자 ｜ 幸せ 행복 ｜ 努力 노력 ｜ 報う 보답하다

次の文章を読んで、後の問いに対する答えとして、最もよいものを1・2・3・4から一つ選びなさい。

お見舞いとは、病気やけがで入院している人に会いに行くことですが、病院にずっといる患者は精神的に不安だったりするため、お見舞いのときは患者の気持ちを理解して、気を配ったほうがいいでしょう。

また、入院直後や手術の前後の時期は、お見舞いをしないのがマナーです。知り合いに入院患者がいても必ずしもお見舞いに行かなければならないというわけではありません。

お見舞いに行く場合はまず家族の人に電話などで訪ねて行ってもいいか確認してから行きます。面会時間は必ず守るのが原則で、時間は午後のほうがいいでしょう。お見舞いは何よりもまず、患者や家族の気持ちを考えることが大切です。

この文章で筆者が一番言いたいことは何か。

1　お見舞いのマナーについて

2　手術後のお見舞いについて

3　お見舞いの時間帯について

4　お見舞いの言葉について

낱말과 표현

お見舞い 문병 | 入院 입원 | 気持ち 기분, 마음 | 気を配る 배려하다 | 知り合い 아는 사람, 지인 |
訪ねる 방문하다 | 面会 면회 | 守る 지키다 | 原則 원칙

일상 관용어구

薬も過ぎれば毒となる

약도 지나치면 독이 된다

👆 어원 유래

병을 고치는데 효과가 있는 아무리 좋은 약도 너무 지나치면 도리어 해가 된다는 속담이다. 이와 비슷한 사자성어로 과유불급(過猶不及)이라는 것이 있다. 이 말은 논어에서 유래된 말로, 뭐든 과하면 아니한 것만 못하고 지나치면 도리어 안 한 것보다 못하다는 뜻이다. 이와 같은 맥락으로 본다면 요즘 우리의 일상에서 뗄 수 없는 커피도 너무 과하게 섭취하면 오히려 안 마신 것만 못할 수 있으니 하루 한두 잔 정도 적당히 마셔서 약이 될 수 있도록 하는 것이 좋겠다.

예 毎日鎮痛剤ばかり飲んでいても、根本的解決にはならないよ。薬も過ぎれば毒となるとも言うじゃないか。

매일 진통제만 먹어 봤자, 근본적인 해결은 되지 않아. 약도 지나치면 독이 된다고 하잖아.

薬も過ぎれば毒となるというだろ。いくら体にいい食べ物でもほどほどにしな。

약도 지나치면 독이 된다고 하잖아. 아무리 몸에 좋은 음식이라도 적당히 해야지.

동양북스 채널에서 더 많은 도서
더 많은 이야기를 만나보세요!

유튜브

인스타그램

블로그

포스트

페이스북

카카오뷰

외국어 출판 45년의 신뢰
외국어 전문 출판 그룹
동양북스가 만드는 책은 다릅니다.

45년의 쉼 없는 노력과 도전으로 책 만들기에 최선을 다해온
동양북스는 오늘도 미래의 가치에 투자하고 있습니다.
대한민국의 내일을 생각하는 도전 정신과 믿음으로 최선을 다하겠습니다.

동양북스